臺灣經濟的38個迷思

國寶級經濟學家

于宗先 著

Prologue

序

經濟現象是人人皆知的一種社會現象，因爲它與社會大衆密切相關。例如市場的繁榮與蕭條、物價的上升與下降、失業帶來的生活無著、走頭無路等，社會大衆都會感受到。經濟學則是一種非常嚴謹的社會科學，儘管它所表達的是社會大衆的經濟行爲，但因爲它所用的術語多是一種經濟現象的濃縮，或是一個故事的專有名詞，甚至是欠缺人性成分的數學公式，致只有少數人懂它，多數人對它是一知半解，甚至是懵懵懂。有不少人認爲經濟學已成一種「玄學」，無人情味的科學。

儘管現代經濟學在臺灣社會已流傳了半個世紀，經濟理論並未在一般社會大衆心目中生根、萌芽，甚至正確的經濟觀念也很欠缺。有鑑於此，作者乃在中華經濟研究院出版的雙月刊《經濟前瞻》，發表了與我們切身有關的經濟問題事例，累積成書，獻給社會大衆。

在臺灣，絕大多數都受到相當高的現代教育水準，但是經濟盲點仍在很多層面存在。它根植在基本觀念中，卻表現在行事作風上。盲點的存在會誤導社會大衆對正確知識的判斷；更具體的說，它會導致效率的降低，成本的提高。

一般社會大衆對經濟問題固有盲點，政府官員何嘗不是如此。例如經濟問題所用的分析工具——統計，政府官員多不重視，寧相信自己的經驗，而且對於經濟預測的意義更是所知有限。尤其自民主政治在臺灣實施以來，無論執政黨或在野黨，爲了爭取選票，多不敢得罪選民，致為討好少數族群的偏好，浪費了國家公帑，修建了許多養蚊子建築。談到建築，我眞佩服德國政府和日本政府。德國政府於百年以前在青島的建築至今完好如初；而日本政府在臺北的主要建築也是如此。有人建議將總統府搬到臺中、關渡或大直，我認為絕對蓋不出屋不漏水、牆不裂縫、地不龜裂，像今日總統府那樣宏偉耐久的建築。

我常思考這個問題到底出在哪裡？出在公共建築要按照最低標招標，違者以「圖利他人」論處。哪個官員不怕晚年吃牢飯終其一生，這個結不打開，無論哪個黨執政也不敢違反它。

今天的官員也很可憐，在中央政府，每天要泡在立法院接受質詢；在地方政府，官員每天也泡在議會接受質詢，他們回家吃晚飯的機會都很少。除立法院、議會外，各部會的會議也不少，致使他們讀報紙只看標題，至於讀專題研究報告，哪有時間讀長篇大論；至於讀專書，更無時間了。因此，他們思維主要限於過去的經驗，例如「少子化」問題，在十年以前就開始嚴重起來，執政當局所開的藥方還是一九五〇年代的藥方；再如近二十年來，臺灣經濟有不錯的成長率，而人民所得卻未相對的增加，而中產階級向低所得階級傾斜，形成所謂的「M型社會」，為什麼？到現在執政當局尚提不出一個有效的辦法。他們都忽略了：潮流在變，環境也在變，而大家的思緒範疇仍局限在過去的經驗。

在臺灣，一般人都相信民主政治是最好的政治制度，其實民主政治不過是比較好的政治制度。它的缺點是：不僅政府行政無效率，而且是官商勾結，選舉需要花大錢，需要富商捐獻，而所得的回報是：有利於他的法案先通過，他有困難時，政府不能袖手旁觀。二〇〇七至二〇〇九年，在美國爆發的金融大海嘯，美國政府的作爲就是最好的說明；而全美國各界響應「占領華爾街」運動，就是社會大衆的反應；而臺灣的二次金改案，又何嘗不是如此？

爲便利閱讀方便起見，特將本書分成六篇章：即㈠政府篇，如公共政策的盲點；㈡社會篇，臺灣社會潛在的隱憂；㈢經濟篇，如臺灣經濟下沉的根源；㈣產業篇，如產業政策的盲點；㈤經濟學者篇，如經濟學者知多少？㈥其他篇，如政商勾結爲民主政治必然之惡？

身爲一位經濟學者，經過四十多年對臺灣社會經濟的觀察與研究的心得與反省，提出如上所述的觀點，是否完全公正而不偏頗，尚祈同道給予指正。

藉此機會，我要感謝協助完成此書的幾位朋友：即費心打字的胡美雲祕書，細心校對的黃國樞先生及耐心評閱的《經濟前瞻》主編吳惠林教授。除此，我也要感謝在出版業不景氣時期，願斥資出版此書的五南圖書公司。

于宗先　謹識

二〇一二年三月

目次

一

城門失火殃及池魚

政府篇

1 公共經濟學的盲點

在現代經濟中，政府仍扮演重要而普遍性的角色。政府的政策工具，諸如賦稅支出、借貸、管制，無不與個人及企業密切相關。在計畫經濟的社會，無論生產者、消費者的行爲都受制於政府的規劃；在市場經濟的社會，雖然強調「那隻看不見的手」，但政府的角色仍不能缺少，因爲市場會失靈，一旦失靈，即會殃及一般社會大衆，政府不得不運用那隻看得見的手去調整，使市場的機能恢復正常運作。

臺灣已經成爲世界貿易組織（WTO）的成員，它的市場經濟應達到相當高的水準，然而近年來所發生的公共經濟事務卻令人十分失望。它不僅牽涉一般老百姓對經濟問題缺乏基本認識，更牽涉到執政當局之無知、慫恿、貪婪，以及得過且過的官僚文化。我在此舉出數個大家都耳熟能詳的案例，供大家參考：(1)使用公共財應付費用；(2)爲選舉大興土木所造成的浪費；(3)政務官充斥是使社會腐敗的造因；(4)欲速則不達的公共建設；(5)公共工程品質不及民間的原因；(6)變質走味的BOT。

一、使用公共財應付費用

公共財是利用納稅人的錢創造的財貨。先就電供應而言，每家都需要電，每個廠商更需要電。在民主社會，人民言論自由是受憲法保障的。於是有的地區爲了淨化空氣，優化環境，既不許設立火力發電廠，也不同意設立核能發電廠，可是它的居民卻需要電。在這種情況，電費應採差別費率。在不願設立電廠地區所付的電費應不同於設立電廠地區的人一樣，否則是件極不公平的事。凡反對設立電廠地區的人所付電費要高過同意設立電廠地區的人，而設立電廠附近的人應得到某種補償。再如電塔、變壓器的設置也常遭受當地居民的反對，在這種情況，一方面電塔或變壓器的位置要與居民保持一定的安全距離，另方面，也應予附近若干公尺以內的居民以某種補償，因爲他們得到補償就會同意建電塔，或變電器的設置。

二、爲選舉從事大興土木所造成的浪費

爲了爭取選票，每逢選舉，許多地方政府的首長多採取大興土木的方式，討好選區的選民，如體育場的興建。每逢慶祝臺灣光復節時，通常舉辦全省運動會，爲了

辦理運動大會，當值的縣市，就會興建體育場，當運動會一結束，這個運動場的功能也跟著結束，並且成了荒草沒徑的廢墟。數年前，臺灣有五個縣市極力爭取興建國際機場。臺灣幅員爲三萬六千平方公里，平原地區僅九十四平方公里，縣與縣市之間不過半小時的汽車路程，興建如此多的國際機場是否需要？是否經濟？當政者所考慮的是要給選民一個好承諾，以便爭取他們的選票。臺灣各縣市喜歡建立各式各樣的博物館，在建立時需要巨額經費，建立完成後，卻無經費維護，而利用價值也不高，致成爲當地政府的一大負擔。

三、政務官充斥是使社會腐敗的造因

在十多年以前，臺灣的文官制度相當健全，一般公務人員必須通過普考，或高考，或特種考試，甚至面試，經通過後，才得任職；而在升遷時，通常也要經過考績及人事訓練班的訓練，爲使公務人員能跟上時代。在中央政府，部長是政務官，有位次長也是政務官，其他都是事務官，如常務次長、局長、處長等均爲事務官。這些事務官不隨政務官的去留而去留，所以每個部門的工作都很穩定，不會因更換部長而停止作業；可是自從市、縣局長也變成政務官之後，不但人數成數倍的增加，而且各單位的穩定性不再存在，因爲新任的長官多是勝選酬庸的人，他們無專業，卻有傲氣，於是文官制度便被打亂了。當政黨輪替發生時，大量政務官便失去官位，也失掉了飯碗，而這些政務官的出路便成了問題，於是它的後遺症便發生了。當被任用於政務官時，一定先考慮到：一旦政黨輪替，該走向何處？於是官商勾結之風興起，希望在卸任之後，能到商家擔任個職位；更壞的影響是，它會助長貪污之風，成爲社會腐敗的造因。

四、欲速則不達的公共建設

爲了迎合上級的胃口，或爲了迎接一個重要節日，往往對公共工程進行趕工的動作，如一條地下道的興建、一個山洞的打通、一座公用大樓的建築。工程當局爲了迎合上級的脾胃，或爲了向選民提出政績，便提前完工。爲了提前完工，工程所需要的時間便被犧牲了，這也就是工程品質變壞的主要原因。我們常見到十字路口的地下道，常常漏水，弄得行人寸步難行，雖經多次補修也不奏效。這種行爲本是落後地區，封建觀念所產生的現象，但是臺灣已進入已開發國家之林，仍經常發生這類的事情，令人不解。

五、公共工程品質不及民間的原因

在一般開發中國家，公共工程的品質多不及民間。根本原因是：招標制度的不合理。在臺灣，最低標成爲得標的主要條件。不少營建商爲爭取這筆工程，即使虧本的估價也會去投標。一旦得標，因收入不符成本，便中途毀約，公家只有接受事實，繼續再招標。一件工程案的完成，往往要招標二、三次，才能使工程完成，因而工程品質也就有了問題。例如完工後，不是樓頂漏水，就是牆壁滲水，或者地面下陷。只要是政府主辦的公共工程，營造廠不偷工減料者，少如鳳毛麟角。在這方面，我們的公共工程既不及日本、德國，也不及香港和新加坡。

公共工程的招標應有合理標準的認可。對於一件工程，先由精算師計算出合理的價位，即基本價位再加百分之五的利潤。經開標後，如果投標的營造商所出的價值低於基本價位加百分之五的利潤，不應得標；如果出價高於基本價位加百分之五，但在可忍受的範圍之內，亦可得標。在招標過程中，對基本價位要絕對保密，不應洩露風聲。

六、變質走味的BOT

當一國經濟發展到成熟階段，很多公共工程，通常委託民間企業來辦，即由民間建造、運作，若干時間後再轉移給政府，稱為「BOT」。由民間辦比由政府辦較有效率，品質好，而且也省錢。但是當BOT引進臺灣後，便變了質，而且虎頭蛇尾，成功的個案很少見。像高鐵就是一個BOT案例。為建高鐵，由政府出資購買興建高鐵所需要的土地，至於路基修建、鐵軌、車廂，以及有關器材的購置與土木工程所需要的經費，理應由承建BOT的公司全部負責，可是承建的五家財團拿不出這筆龐大的資金，結果仍由公營銀行負責墊款。即使如此，高鐵的完成期限不僅要延後一年，而所需增加的資本仍高達六百多億元，迄無著落。處在這種情況，大家對這種性質的BOT無不為之搖頭興嘆。

對於興建公共工程，引進西方流行的經營模式，本無可厚非，但不能將這種模式「本土化」，成為圖利私人，不利國家建設的大漏洞。

以上所列舉的六種公共經濟學的盲點，為什麼會在臺灣不斷地發生？我們不能不探討其根本原因。在臺灣社會，「貪婪文化」似乎是個根深蒂固的文化，為根除「貪

婪文化」，應從制度上著手改革才會有效。因爲，這些盲點無不牽涉到政府的行爲，故制定相關的法規，刻不容緩。公權力不張也會使法規流於形式。像用電和設立電廠必須相提並論。反對設立電廠的地區，應付較高的電費，以便用來補償設立電廠的地區，才符合公平原則。由政府所興建的重要公共工程，必須先經過評估，凡未通過的公共工程，絕不能興建，這樣才能減少因公共工程興建所造成的浪費。對於政務官的資格應恢復過去的制度，即儘量減少名額。凡縣市政府的局長，甚至縣市長也不能成爲政務官。對於公共建設，一定要遵守工程師的時程安排，絕不能成爲配合選舉的工具。公共工程之品質不及民間，早已成爲詬病，應徹底廢除最低標制度，改採合理標制度。同時對於營造商資格應有一套選擇的規範，凡合格者始有機會參與投標。公共工程進行時，應嚴予監督。對於BOT，政府不應削足適履的去利用，寧由政府執行，也不宜假BOT之名行圖利財團，不顧公益之實。一個大有爲的政府，並不是開疆闢域的政府，而是有效利用公共財政，達到增進人民福利、優化生活環境的政府。

2 經濟全球化下，政府應有的思維

不管你喜歡或反對，經濟全球化正如海浪一樣，一波一波湧來。也許企業界的感觸較靈敏，已經不聲不響的在經濟全球化的衝擊之下，作了應有的反應，不論他們是到東南亞投資，或到中國大陸去找機會，無不是經濟全球化下該有的作為。你不該用五十年以前那種狹隘的眼光，評判他們不愛臺灣，或無祖國意識。你的這種反應也許表現你的觀念有些落後了，而你的眼光也許短淺了。如果認為我這種看法是危言聳聽，那就待事實來證明。

近年來，在坊間有本銷暢的譯書：《世界是平的》。你認為世界眞的是平的嗎？你發現很多美國廠商委託印度的技工去完成他們的製程，而所花費的成本只是美國技工的十分之一。可是被取代的美國技工只有被遣散，失去工作機會；而無業或就業不足的印度勞工，卻因此賺了從未如此優厚的工資。同時，美國的廠商將設計好的產品運到中國大陸去製造，為美國老闆省下巨額的成本，也為美國企業的老闆創造了雄厚的財富，可是被取代的美國勞工卻因此失業了。從企業的觀點，這是生產最經濟的組合，也是牟利的最佳途徑。於是那些屬於中產階級的藍領人口，便陸續地變成下層階級。至於高層階級，因為掌握營業利益的分配權，他們很快地從百萬富翁變成千萬富翁，再變成百億、千億富翁。二十年以前的臺灣，一位總經理的年薪最多十倍於一個工人的年薪，現在一位金控公司董事長的年薪高達二、三千萬元。也許這個數字對你無具體概念，我不妨舉個例子，你就知道你家的財富值多少了。像臺北市，一座豪宅，一坪值新臺幣一百萬元左右，對這些大企業老闆而言，三、四年的薪水即可買百坪的豪宅。假如你是一位中產階層的薪資工作人員，買四十坪這樣的樓房，該賺多少年的錢才能買得起？例如一位資深教授，每月以十一萬元計，一年十三個月薪水計，即一年可賺一百四十三萬元。如果他不吃，也不喝，一分錢也不用，他要累積二十八年才能買得起四十坪的豪宅。如果你讀書很順利，二十八歲可得到博士學位，而且研究成果夠國際水準，三十五歲可變成資深教授，六十五歲退休時，你還賺不到四千萬元。大學教授可作為中產階級的代表，至於薪水不及教授的其他薪資階級，即使耗費更長的工作時間，對如此昂貴的樓房，也只能望樓興嘆。民國九十五年十二月二十三日，《工商時報》有則新聞：近十年一至十月實質經常性薪資統計，從民國八十六至九十五年的十年經常性薪資平均年增長率爲百分之一．一五，最近七年（民國八十九至九十五年）平均僅增長百分之〇．五三。至於消費者物價指數，最近十年平均上漲百分之〇．八，薪資實質增加了百分之〇．三五；近七年上漲百分之〇．七七，薪資實質減少了百分之〇．二四。但不要忘了臺灣的經濟成長率，在最近十年平均爲百分之四．三一，而過去七年的平均成長率爲百分之三．七二，都比薪資高出很多。到底經濟成長的果實由誰得到了？這是一個值得探討的問題。其實，近十年以來，日本也出現類似的現象，即財富集中於少數人，而多數人所得無顯著的增加，也有貧富懸殊兩極化的隱憂。

貧富差距加大似乎是全球化的必然結果，因爲全球化影響所及，商品顯然分成兩等，高等的屬於極品，由富有階級的人所享有，像中東石油國家的杜拜和阿必達比，興建了較皇宮還奢華的賓館，它們都屬於七星級賓館，惟富有階級的人才有能力去享受；而世界上很多新興工業化國家，爲了迎合這些新貴的需要，也都興蓋豪華的賓館，無論賓館的布置及飲食，無不達到奢華的能事，不但不愁無人來住，反而有向隅者的現象，可見富有階級勢力之雄厚。對照之下，絕大多數的人是屬於不富有的一群，他們的所得難以上升，況且企業界年資制度已被解體，養老金因派遣（或委外）制度之盛行，也漸漸化爲烏有。這種現象不僅發生在已開發國家，也發生在新興工業化國家。更可慮的，在臺灣也有些金控公司，它們僱用大學畢業或碩士程度的學生，是採計時制，週末、假日都沒有工資可拿，年終也無獎金可享有，更無退休制度，自然也無退休金可拿。

相關的是人力的自由流動。有才能的人才有充分選擇的自由，因爲他們的就業機會很多，世界之遼闊正供他們馳騁。因爲他們的才能是被需要的，所以他們的待遇提升的很快，他們到處爲家，不再局限於出生的祖國。事實上，祖國在他們腦海中只是一片記憶，或者一個符號，不具實質意義。所謂「水向低處流，人往高處爬。」，他們就是向高處爬，而且是有能力向高處爬的階級；可是一般平庸的人卻沒有選擇的自由，他們無向上爬的才能，自然也就沒有這種機會，而且要他們離鄉背井去闖天下，也是件相當困難的事。

在全球化浪潮下，資金是可自由移轉的，有才能的人，可將他人的錢用到最賺錢的途徑，像創投就是其中一種。從前創業眞難，要費數十年的奮鬥，而且夠幸運的話，才能將一個小企業變成大企業。他們到銀行貸款，不是用固定資產抵押，就是用債券、證券質押，才能貸到想用的錢。現在情況不同了，有才能的人，可用生花之筆寫出一份有利可圖的大計畫，便可得到聯貸的機會；一旦聯貸成功，數十億元，甚至數百億元的貸款便可到手，用來發展牟利機率大的企業；而且在獎勵投資政策之下，又可享受到免稅的優惠。有些業者在數年之間，便會成爲巨富。如果你是小生意人，向銀行貸款很難，只有向地下銀行用高利求貸，既無免稅的優待，而且也不能逃稅，要想平地一聲雷，就能奮起，眞是難上加難。

可預料地，未來的世界可能是個貧富兩極化的世界，這種現象，對於任何一個國家而言，它的社會將是不安定的，必然會有治安問題出現。無法生存的人：一種是提早結束生命，免受飢寒之苦。有的年輕人，爲了不累及下一代，便選擇獨身主義，即不結婚；另一種是鋌而走險的人，他們內心有不平之感，爲生存，去搶、去奪，必然會不斷發生。當然還有一種是認命的人，認爲前一輩子作了惡事，這一輩子要償還前債，他們甘願做牛做馬，供人使喚。處在這種情勢之下，如果宗教信仰能喚醒那些想作奸犯科的人，社會也會得到安寧；但是這種人根本不相信神的存在，而死後下地獄的警告對他們起不了嚇阻作用。處在這種情況，也會有富有而具慈悲心懷的人，成立基金會，捐出大筆的錢，救濟那些需要救濟的人；但這種力量畢竟有限，也很難持久。最後，爲自由主義者所最討厭的是政府干預。但是這些社會問題，自由主義者是解決不了的，還需要政府那隻看得見的手，來制定社會保障制度，讓有錢的人獻出部分所得，使需要受幫助的人得到生存的權利，爲達成此目的，那就需要政府建立一套合理而有效的租稅制度。處在這種情況下，有錢的人也許會移民到既有社會保障制度而租稅負擔又比較合理的國家，不需要政府費心。但是下層的人，無任何選擇的餘地，作爲一國的政府必須考慮到：如何創造一個舒適而安全的生活環境，讓想移民的人在比較取捨之下，願留下來，對自己的社會有所貢獻，也讓下層的人得到生存的機會。

以上所述，主要是一般人民用消極的方法來解決貧窮問題，而積極的方法仍需政府來提供些能創造更多就業機會的方法，那就是仍需要政府積極改善投資環境，不論是硬體建設，還是軟體配套，必須使國內的業者樂意留在國內投資，而外國業者也願意來此投資。對於一個社會而言，只要能保持一定水準的投資，就會解決失業問題。增加投資說來簡單，但什麼產業會使業者樂意投資。近年來，各國所流行的是電子資訊業。要發展這種產業，需要各地提供便宜的零組件，構成一條供應鏈。惟能運用供應鏈的企業，才有發展的餘地。所謂新興工業化國家，包括中國大陸，各國都在發展此種產業，因此，它的競爭就非常激烈。競爭所依賴的不僅是製造成本的降低，而是產品的性能要強，且合乎人性，才能受需求者的歡迎。可是要使產品具高性能，非有深厚的科技基礎不可。我們在這方面的努力顯然是不夠的，例如大多數的中小企業仍無法擺脫遊牧民族的性格，依賴低廉的勞動成本求生存，而新興產業大都是依賴代工（OEM或ODM）從事生產。

不過，鑑於一般新興工業化國家的所得水準提高後，它們的人民對旅遊就有很大的興趣。同時今天的旅遊目的不限於欣賞大自然風光和古蹟，而且還包括休閒活動、紓解身心疲倦的物理治療，以及可避寒、避暑的勝地與田園生活的享受等。可見現在的旅遊業所創造的就業機會多，而且範圍廣。這些行業所提供的工作較適合平庸的人去擔任。如果臺灣每年吸引二千萬人次觀光客，假定每人在臺灣平均以五天計，每人消費三萬元新臺幣，二千萬人次可花費六千億元新臺幣，假如旅遊接待人員平均年薪爲三十九萬元（每月三萬元，以十三個月計），則可創造一百五十三萬人的就業。假如是這種情況，臺灣不僅沒有失業現象，還會有缺工現象。

作爲一個執政當局，對全球化所帶來的衝擊，是否瞭然於胸？就我們所了解到的，在作爲上似乎並沒有重視前面所提出的現象，致使貧富兩極化的現象愈來愈明顯，也愈來愈嚴重。通常，一個國家愈全球化，其所引發的社會經濟現象也會愈早出現。作爲一個以對外貿易爲經濟發展主導力量的國家而言，是無法逃避全球化衝擊的，更無法採取鎖國政策來因應。因爲，臺灣不是一個資源豐富的國家，本不能自給自足，況且把人民鎖在這個海島上，不讓其與海外交流是不可能的。爲了面對全球化所引發的這些嚴峻社會經濟問題，我們不但需要政府有新的思維，更需要政府及人民有劍及履及的行動，才能使全球化的衝擊變成我們創造新環境的力量。

3 政府補貼，由誰埋單？

一般政府都喜歡用補貼的方式，達到「濟弱扶傾」行「德政」的目的，而一般社會團體也看準這一點，只要有困難，就直接或間接「通過民意代表」向政府請求補貼。本來，在政府預算上就沒有這筆支出，但為了達成補貼的目的，政府往往利用歲計剩餘，或發行公債或發行鈔票來彌補這些支出的漏洞。尤其進入政黨政治時代，執政黨為持續掌握政權，乃施惠於民，爭取他們的選票，達成勝選連任的目的。因此，補貼便成為執政黨討好選民的食餌。本文的目的，就是要探討政府補貼，到底由誰來負擔？為了回答這個問題，我們的分析包括下列諸部分：⑴補貼的意義、性質及目的；⑵補貼對象的決定；⑶補貼的後遺症；⑷補貼與租稅的關係；⑸誰是補貼最大的負擔者？⑹結語。

一、補貼的意義、性質及目的

補貼是政府支出的一部分，而且這一部分並不包含在政府預算之內，也就不是經立法院通過的一項支出。如果它在政府預算中有既定的安排，則其經費來源與其他行政支出是相同的。補貼在性質上也是一種移轉支出，但移轉支出在政府預算中有其一定的地位，是正常性的；補貼雖也是一種移轉支出，但不是正常性的，而是非常性的，它的發生無一定時間，也無一定區域，也無一定的對象。

實質上，補貼是政府運用手中的資金去補貼某一行業，或某一團體，使其渡過經濟上的難關，能夠持續運作，以免倒閉或破產之後，對社會大衆造成連鎖性的傷害。政府所運用的資金屬於行政裁量的範圍，只能執行一次，不能連續爲之。因此，它有救濟性的特質。既然補貼是一種救濟性的，執政當局不宜在選舉前，爲了爭取選票，補貼某一行業，罔顧它所產生的後遺症。

二、補貼對象的決定

補貼對象由誰來決定？一種是由執政當局根據所發生的事故之嚴重程度自行決定；一種是來自利益團體的壓力，如強勢的工會，還有一種是產業政策的考量。先就執政黨的決定而言，它往往流於偏頗，對某一團體，因其在競選時給予支持，現在有難，執政當局給予救濟；如果另一團體並不是執政黨競選時的支持者，若遇有難，執政當局會袖手旁觀，令其自生自滅，這種偏頗行爲也是今天常看到的。第二種爲利益團體（或稱壓力團體），當有急需時，向政府要求救濟，否則採取罷工來報復。政府考慮到社會安全，乃給予某種補貼，紓解其困難，使其不要走上街頭。第三種爲政策性補貼，如某一行業失去國際競爭力，如不加以救援，這個行業就難以生存。而且這個行業對社會安定十分重要，政府考慮到這個原因，乃加以補貼，使其成本降低，仍具國際競爭力。

就這三種決定來源觀之，除第一種爲執政當局主動爲某種目的而補貼外，其餘兩種都是被動的。

三、補貼的後遺症

在性質上，補貼猶如海洛因，它有痲醉止痛的功效，然而它會使人上癮。結果，補貼固達不到補貼的原有目的，反而養成受補貼者的依賴心理，使他們喪失改進技術、增強競爭的思維，最後成爲扶不起的「阿斗」。

表面觀之，補貼的用意是善的，但它卻是不公平的差別待遇。因爲補貼的機構是政府，受補貼的對象是個別團體或行業，如果補貼變成長期性，這種差別待遇就會衍生社會的不公平現象，使受補貼的對象成爲納稅人不應扶養的族群。在此我舉三個例子，說明補貼的後遺症。

一爲補貼海上漁船所用機油，一爲補貼計程汽車用油，再一爲補貼農作物生產。先就第一種補貼言之。在最初，對漁船所用機油的補貼完全是救濟性的。凡是救濟性的都有一定的期限，期限一到，就不再補貼。可是臺灣的漁船得到用油補貼之後，不再於外海捕魚，而是在大陸沿海同大陸漁船換魚。捕魚有風險，也是辛苦的，而換魚是安全的，也是輕鬆的。政府的德政並不能使他們感激，也對他們的改善捕魚作業沒有幫助，徒增加了漁民的依賴心理。政府一旦不補貼，他們就不能靠「捕魚」維生。

就第二種補貼而言，由於國際油價猛漲，計程汽車醞釀漲價，因汽油上漲了很多，如果計程車載客車資不漲，他們就無法維持生活。執政當局爲爭取運將們的向心力，要計程車資不漲價，其損失由政府補貼。執政當局認爲車資上漲了，搭乘計程車的人會減少，更使運將們難以生存。這種作法衍生兩個問題：一個是補貼會增加納稅人的負擔，雖然納稅人有此種認識者不多；另一個是如果油價繼續上漲，政府是否會繼續來補貼？況且社會上有很多需要救濟的人，三餐不繼的人也不少，相比之下，他們得不到救濟，是否公平？

第三個例子為政府補貼農作物生產，而且這種補貼已成長期性，補貼的原因是為了提高農產品的國際競爭力。像美國，儘管它的工資很高，單位生產力也難以提高，但它的小麥、穀物可以輸出到開發中國家。之所以如此，就是因為美國政府連年給予大量的補貼。對於這種現象，批評者日多，認為自一九八〇年代起，美國農業生產力的成長已經遲緩，雖然原因很多，但政府所主導的高度補貼農業政策阻礙了調整農地利用的市場力量，才是罪魁禍首。另一個補貼農業生產的國家為紐西蘭，他們發現多年的補貼並未使農業生產力增長，乃決定放棄補貼，改變生產方式，結果，農業並未因此而枯萎，反而如浴火重生，又有力量為紐西蘭支撐半邊天。

四、補貼與租稅的關係

補貼是政府對特定團體或行業的一種移轉性支出，而這種移轉性支出通常是一次性的，使受補貼的人得以紓解經濟上的困難。既然補貼是一種移轉性支出，它的財源一定是來自國庫，而充裕國庫的主要為稅收，稅收是國民所得的一部分。代理使用稅收的是政府，提供稅收的，則為納稅人。也就是說，政府慷納稅人的慨，去滿足部分人的需求。稅是納稅人提供的，政府不過是代理納稅人去支付與納稅人有關的各種支出。理論上，這種移轉性支出應獲得納稅人的同意。事實上，稅收一旦進入國庫，它的支配權完全在政府，不再是納稅人，這是不對稱的作爲。

五、誰是補貼最大的負擔者

在任何一個社會，從貧富的觀點，其人民通常分爲三組：即最高所得組、中所得組和最低所得組。低所得組中，很多人不納稅，即使納稅，爲數也不多，而且也有很多人需要救助，即政府或慈善機構救助他們。在一般的社會，其所占總人口比例，約爲百分之十至十五。高所得組所占比例也不會太高，約占總人口的百分之五至十，按理，他們應納最多的稅，事實上，他們有會計師、律師的協助，利用避稅、逃稅等方式，反而納稅不多。納稅最多的是中所得組，在總人口中約占總人口的百分之七十五至八十五。最近十年來，不少已開發國家和新興工業化國家，富有的人都在增加，而中所得組在向低所得組傾斜，即低所得組大量增長，而中所得組不斷萎縮。也就是說，中所得組是納稅最多的一組，而他們的租稅負擔爲最重。

六、結語

政府補貼，在長期效果上，有點像海洛因，常吃會上癮。在短期效果上，有點像「挖肉補瘡」，瘡補不好，肉卻被削瘦了。如果一個政府專以補貼方式，行「仁政」，那就是「挖肉補瘡」的行為。如果為了救濟災難，那就用救濟的方式，一次為之，使受救濟的人脫離困境。如果為了救助貧困，那就用救助的名義，列預算，從事移轉性支出。無論如何，補貼的眞正目的難以用正當的道理說明白，它是一種無代價的支出，只能一次為之，不應將其視作政府的長期措施。

4 執政者的數字承諾

在傳統的中國文化中，有所謂「學而優則仕」；如果加以引伸，則為「仕而優則貴」。當今的執政者，還是脫離不了這種文化上的傳承。無論在會議場合或宴席間，高官受到的禮遇為最高，其他行業的人則居其次，表示一般社會大眾對他們的尊重，因而對他們語言上的承諾，也就深信不疑，也會牢記在心。像這種現象在海峽兩岸的社會都經常出現，因為中國傳統文化所形成的「基因」是相同的。儘管二十世紀後半期以來，許多優秀青年，到歐美留過洋，喝過洋水，在市場經濟制度的社會受過多年的薰陶，但是當他們回到國內，還是免不了「入境問俗」，因而這種傳統習氣是難以擺脫掉的。

對市場經濟的一知半解

一般知識分子都知道，市場經濟與計畫經濟是不同的兩種制度。到底有什麼不同，很多人還是搞不清楚；即使執政者，也不一定清楚自己的做法是否符合市場經濟的基本條件，總認爲自己知道的比別人多，難免就會自以爲是。例如一九九六年臺灣的總統大選，獲勝的那位總統曾經留美得個農經博士，他強調到二〇〇〇年時臺灣的每人平均所得（GDP）爲二萬美元。在那一年，每人所得爲一萬三千七百一十四美元，認爲四年之內可以達到二萬美元。事實上，到了二〇〇七年，仍未達到二萬美元之目標。當時他說這種大話，以爲自己掌大權，統計數字可以爲我所掌握，他完全忘掉了在市場經濟，無人能掌握經濟的變化，因爲用美元表示的經濟成長要受兩個因素的影響：一爲未來經濟成長是否能達到所設想的目標，一爲新臺幣對美元匯率的變化。先就前者而言，要使一國經濟成長達到預定目標，只有在計畫經濟社會才有可能；惟在那種社會，只要每個產業部門多生產，就可達成所預定的目標，並不管生產後是否都用掉；但在市場經濟制度之下，多生產後，如果賣不出去，則這些賣不出去的產品就不計入國內生產毛額之內；即使拚力生產，也未必達成所預定的目標。至於匯率，在一個開放的社會，它是不停地在變化。對外貿易差額是盈或虧，一般物價是升或降，國際熱錢流入、流出的情況等因素，都會影響匯率的變動。如果新臺幣對美元不斷地大幅升值，所擬的目標就會很快地達成；如果新臺幣對美元不斷地貶值，而貶值程度超過經濟成長率，那就永遠達不到預定的目標。

經濟運行受制於那隻看不見的手

在市場經濟體制之下，那隻看不見的手掌握一國經濟的運行。經濟運行會失衡，惟靠那隻看不見的手使其達成均衡，政府的那隻看得見的手在使經濟達成均衡上，卻無能爲力，因爲政府所能支配的資源是有限的。即以臺灣經濟而言，從支出面，政府所能掌握的支出爲政府消費支出、政府投資支出，以及公營事業投資支出；但是政府掌握的程度也受限制，例如立法院對預算的杯葛，公共工程招標時，再三流標，如果再碰上物價上漲，得重新估價，再次招標。問題在於最低價標的規定不合理，但經辦人員不敢逾越這個規定；若有逾越，則以「圖利他人罪」被提起訴訟。如果在最低價標情況下，有廠商得標，當工程進行到一半時，得標公司會以經費不足，停止工程的進行，或半途倒閉，在此情況下，又要重新再來，致一件公共工程，在民間，可於兩年內完成；在政府，時間加倍也不一定完成，這種案例不勝枚舉。這就是說，政府的那隻看得見的手有時也會失效的；至於民間投資支出更不是政府所能支配的。再從生產面來看，要達成各產業的計畫生產目標，也是紙上談兵，不切實際的事。就以農業生產而言，它的生產受氣候因素的影響很大，到今天爲止，即使科學技術再昌明的國家，既不能控制颱風的侵襲，也不能制止海嘯吞噬陸地的事實。在臺灣，我們的農業生產更要「看天吃飯」，在這方面比二千年前我們的老祖宗並沒有太多的進步。我們對農業產品病蟲害的處理有了很大的進步，但對地下水污染、地層下陷這些人爲的造因，我們也沒有有效的辦法來解決。至於工業生產、服務業生產受影響的因素更多，也不是政府所能完全解決的。政府所使用的工具是財政政策、金融政策和限制措施，當這些政策和措施被執行時，不是效果被打折扣，就是事過境遷。

先進國家的政府沒有偉大的經濟計畫

對於未來經濟，我們的執政當局，總喜歡「鐵口獨斷」地說，未來一年的經濟成長率或未來四年的平均經濟成長率是多少，社會輿論往往拿它來作文章，因爲這種「承諾」是很少兌現的，這也是先進國家和新興國家不同之處。在歐美國家，它們的總統或總理從不強調明年經濟成長率有多高，充其量，他們說，明年經濟會轉好，或有更多困難，以不確定的態度看待未來，因爲未來是難測的。就以最近的例子來說，二〇〇〇年三月九日代表科技產業的那斯達克股價指數爲五千零四十八點，到了四月十四日暴跌到三千三百二十一點，一個月之間跌了百分之三十四．二。一年之後，便跌到二千多點，直到二〇〇八年五月僅恢復到二千五百多點；再如二〇〇七年八月在美國發生的次級房貸風暴，半年之後，它竟影響到全世界的金融，這也是美國經濟學者和金融專家想像不到的事。在美國有許多預測機構，天天在調整它們的預測數字，以期掌握經濟變化的走向。但是美國總統對美國經濟成長率，從不發表他的確切看法，只讓預測專家去表達他們的看法。這種態度是負責的，也是正確的。

市場經濟中的經濟計畫

在一九八〇年以前，臺灣經濟中，公營部門占相當大的比重，而且政府的行政效率和執行能力都比今天爲高。爲什麼？因爲一般民主政治制度本來就是缺乏效率的制度，尤其在執政黨與反對黨的正常政治關係尚未建立起來時，更是如此。

通常要進行一項較大型經濟計畫，在事前必須先經過評估，包括財務評估、經濟評估、技術評估和環境評估。這些評估一一過關後，才列預算送議會審查通過；如果在議會受到杯葛，即使迫切需要的公共建設計畫，也只有延後。這就是說，龐大的經濟計畫，儘管爲國家所迫切需要，可是在議會一旦遭受挫折，不知要延後多少時間，才有被通過的可能。二〇〇〇年正在興建核四工程就是個好的例子，儘管它的興建工程已進行了一半，但政黨輪替後的新執政者，在「無核家園」的理念下，竟下令停止興建，致造成數千億元的損失，並賠上無可衡量的國際信譽，因爲核四工程牽涉到與外國廠商訂定的各種契約；而中途毀約是件難以彌補的名譽損失。如果公共建設計畫委由民間執行，那就要看民間企業接受的意願及能力，絕非政府一紙命令即可達成所定目標，否則那不是市場經濟的思維。

中國大陸雖被稱爲社會主義市場經濟，但政府主導的國民經濟仍占很大的比例，所以它的經濟計畫，凡屬公共建設通常能在計畫時間內完成，像一座長江大橋，或一條百公里的高速公路，會在兩年內完成。像這樣的重大公共工程，如在臺灣，即使加倍施工時間也完成不了，因爲民主政治尚未上軌道，致政府缺乏執行力。回顧臺灣在威權時代，確實有不少經濟計畫能在預定時間內完成。這種認知一直保留到二十一世紀初期的臺灣執政當局，他們仍以爲政府有力執行任何重大經濟計畫，結果，執政八年的民進黨更換了六位閣揆，而每位閣揆上任後都喜歡提出一大套大而無當、華而不實的經濟計畫，而眞正被執行的，又微不足道，徒浪費國家的資源，人民納稅的錢。

執政者要愼於言，敏於行

儘管現在的執政者都擁有很高的學位和豐富的知識，但在面臨全球化浪潮所沖擊的世界，個人的思維不應局限於過去的經驗，因爲我們所面臨的環境無時不在變化，致我們所知道愈來愈覺不足；即使科學最進步的歐美先進國家，它們的執政者面對未知而變化多端的未來，無不抱「如履薄冰」的心情去展望未來。對未來的經濟願景，多聽預測專家的看法，而自己少作「鐵口直斷」的數字承諾。

5 政府那隻看得見的手

一般人都喜歡不受任何的約束，尤其不喜歡政府的約束。「約束」就是「不自由」的同義語。經濟學人所追求的，就是經濟自由，尤其自一九八〇年代以來，經濟自由成爲企業與經濟學界所追求的一個最大目標，因而它便成爲經濟思想的主流。由於經濟自由思想的傳播，大家都相信政府的職能愈少愈好，而政府的規模愈小愈好。這個口號，乃成爲過去三十多年許多經濟學者所皈依的圭臬。直到二〇〇八年全球性金融大海嘯爆發，摧毀華爾街的金融堡壘，這個圭臬才受到最嚴峻的考驗。因爲遭受金融大海嘯蹂躪過的人，都將政府視爲救苦救難的救世主。

一、人民有難，先想到政府

此次全球性金融大海嘯給了人們，特別是自由經濟學者一個反省的機會。尤其是在自由經濟大本營的美國，在次貸風暴引發金融海嘯以來，政府變成了救火隊，先是美國兩大地產公司：房利美和房地美首先陷入金融危機，瀕臨倒閉的邊緣，美國政府乃出手予以援助，使其能挺起來。美國國際集團（AIG）也陷入金融危機，美國政府又撒下大量金錢使它從破產的泥沼中拔出來，因爲美國政府考慮到：如果AIG倒閉，受影響的不僅是美國的投保人，也波及世界各地買保險的小民。到了二〇〇九年，金融海嘯不僅使美國數百家銀行關門，更嚴重地波及美國的製造業，像美國三大汽車公司（福特、通用和克萊斯勒）當陷入財務危機時，也請求政府給予援助。

在臺灣，由於利率偏低，一般社會大衆曾將儲蓄存入利率較高的民營銀行，可是當金融大海嘯衝擊到臺灣時，他們紛紛將在民營銀行的存款提出，轉身存在公營銀行以防血本無歸。一時使郵政局和臺灣銀行對大量的存款不知如何處理，但又不能拒絕接受。政府爲怕民衆的反應對民營銀行造成擠兌現象，而擠兌現象嚴重時會使一個銀行瞬間瓦解，乃宣布政府對社會大衆在所有銀行的存款保證到二〇〇九年底。不但臺灣是如此擔心，而且很多已開發國家也是如此而爲。

這也許是個矛盾。在經濟有難時，人民先想到政府，他們從未想到大企業能對他們作些什麼，因爲大企業也自顧不暇，甚至也要伸手向政府要錢，惟政府才是他們的救世主；可是在經濟繁榮時，他們便忘掉了政府的重要性，只想到自己的利益，這也就是人的本性吧！

二、BOT是民營化的試金石

由於政府行事的效率低、服務差、官僚習氣濃，在從事公共建設時，既會浪費很多錢，又無法保證品質，很多經濟學者都認爲：如果公共建設改由民營企業去執行，不但效率高，而且也爲政府省去財政的負擔。其實BOT，在不少已開發國家已實施很久，而其效果尚令人滿意；可是當BOT引進臺灣時，它卻變了質，不但不省錢，反而要政府爲BOT的後果收爛攤子，而且從未有過成功的、或令人滿意的案例。像從臺北市到桃園機場快捷鐵路的興建，原由一家民營公司以BOT的方式包辦，六年過去了，這個BOT案卻變成泡影，致使到現在，從臺北市到桃園機場仍然依賴公車和民間小轎車營運。再如從臺北市到高雄市的高鐵，也是採用BOT的方式，委由民間五家公司辦理。六千多億元的沿線土地收購費，全由政府付了，另需的六千多億元的建築費應由五家民間公司負責；然而，由於它們缺錢，只能提供建設費的十分之四，其他的十分之六仍由政府負擔。這條高鐵在一年以前建成了，也通了車，可是因收入不敷經常支出，致使過去所欠的債中，連利息也付不起，乃再三向政府及貸款銀行求救。

三、民營化使公營獨占事業改換成民營

在臺灣，通常公營事業多具獨占性，當進行民營化時，首先將其變成公司制，即將所有資產證券化，然後出售給社會大衆。一般社會大衆是分散的，但財團的力量卻是集中的，一旦改制爲公司的公營事業將證券出售時，財團就有力量變成大股東，作爲大股東的財團再收購一般散戶的股份，使其握有的股份占更多的比重，進而有機會掌握公司的經營大權，於是由政府經營的獨占事業便漸漸變成由民間財團掌握的企業。政府掌握的獨占事業在價格訂定上，受很多限制，也要受立法院的質詢，但民營的獨占企業則不受任何限制。

很多公營事業在成爲公司過程中，爲了彌補赤字常將地段優良的國有土地，在上層暗示下，以低價售予財團，而有機會承購此種土地的財團無不是經由官商勾結過程。在過去十年，這種現象不斷在臺灣發生。自有公營事業以來，公營事業對員工均能保持長期僱用制，使員工生活安定；一旦成爲民營，而爲財團掌握時，它們爲節省成本，增加競爭力，往往採行臨時僱用制，使員工工作失去保障，而且未來的退休養老也成了問題。

四、人性的貪婪是企業公司治理的蛀蟲

在葛林斯潘擔任美國聯準會主席時期，他認爲公司治理由企業本身去運作比政府的監管制度更有效。他的這種主張受到了自由經濟學者的喝采，更受到民營企業之讚賞。但是，民間企業爲贏得國際競爭，卻無所不用其極，有的擅長玩弄財務槓桿，使一元當十元用；有的本益比高達五十，甚至一百，表示企業擴大的前途無限。更重要的，多數金融機構創造許多令人無法摸清楚的衍生性金融商品，像避險基金、連動債券就是擔保債券憑證（CDO）多次方所構成的產品。當次貸危機發生時，這些不具實值的金融商品都成了廢紙，讓社會大衆的理財完全落空，成爲金融海嘯中的犧牲者。

五、人們仍需要那隻看得見的手

最近二十年以來，金融泡沫不斷在各地發生。首先於一九九〇年在日本和臺灣發生泡沫經濟，當它崩潰後，受害的主角就是日本人和臺灣人，而其波及的範圍不大；到一九九七至一九九八年東亞金融風暴發生，東亞各國無不受到波及，世界銀行成了許多受難國家的救火隊。到二〇〇八至二〇〇九年全球性金融大海嘯爆發，受波及的

範圍，除了非洲外，其他國家都無法倖免，世界受害程度之深是空前的。迄今無人作正確的統計，世界上到底有多少財富縮水？有多少失業產生？又有多少人走頭無路，而結束自己或家人的生命，更無正確統計。無論如何，它的影響是深遠的。一般人又想到這個世界還是不能缺少「那隻看得見的手」，這就是人類的直接反應。

走筆至此，一定有人會問：政府的規模是否應增大？政府的行政效率是否能提高？有誰能有效監管政府的作爲？如果政府的規模擴大了，民間企業的活動範圍就會縮小，這樣就會降低一國經濟的活力，因爲政府本身有種制度上所形成的怠性。像臺灣的法規：「圖利他人」就是束縛政府人員不敢去作任何與民有利益關係的事情；再如「最低標」制度，就是多年以來，政府所建造的樓房多具「豆腐渣」性質，經不起颱風、地震撼動的主要原因。至於政府的監管制度，在臺灣並不缺少，問題在於：是否會具獨立性，不受政治立場所左右。在非常時期，要政府成爲經濟風暴的避難港，行政體制的健全至爲重要。

6 市場失靈由誰來糾正？

自由市場從來就不是完美的，「市場失靈」是現實世界的常態，完全競爭市場才是完美無暇，但人間從來就沒有這樣的市場。經濟史不斷地敘述：復甦、繁榮、衰退、蕭條、復甦的輪轉不息，而且隨著金融經濟的迅速擴張，更增加其輪轉速度。復由於全球化的天涯若比鄰與e化的無遠弗屆，使失衡的經濟，像黑死病一樣很快感染到世界每個已國際化的國家。

為什麼市場會失靈？它的原因很多。在農業或工業為經濟主流的時代，產品供需失衡，就會導致整個自由市場失衡；但在金融為經濟主流的時代，資金的流動性不足，或信用的過度膨脹，也會使整個經濟失衡，如最近二十年來所發生的泡沫經濟之形成與破滅，就是市場失衡的表徵。對一個國家而言，房市泡沫會牽動股市泡沫的發生；而股市泡沫也會促使房市泡沫發生。當這兩種泡沫相激相盪，進而崩潰之後，便會連累到一般產業，使其失去運作的動能而衰退，進而造成整個經濟的不景氣。

金融經濟失衡危機

自二〇〇七年七月以來，在美國發生的次級房貸危機，更說明金融經濟失衡對整個世界經濟所產生的危機；而美國次貸風暴是美國金融機構貸款給信用較差的人購屋所釀成的災難。由於二十世紀末葉以來，美國資金氾濫，導致利率極低，而房價又不斷高漲，便出現壞帳。當時出售法拍屋的金融機構，仍可賺回本金，於是銀行競相開發了次貸市場。不少銀行將次級房貸證券化，將之轉換成債券型憑證，出售給投資人。也就是說，將銀行的放款風險，經包裝，轉嫁給投資人承擔。在當時助紂為虐的為「兩房」，即房地美公司和房利美公司。該兩房在美國統稱為「政府投資的企業」。兩房在過去十幾年，在市場上大舉收購房貸，間接助長美國房市泡沫。目前兩房共投資五．二兆美國房貸，占美國房貸餘額的近五成，因受到房貸違約率升高的影響，致使其股價重挫。此次次貸風暴是由兩房股價暴跌引發的。例如房利美公司的股價在一年內下跌百分之七十六．一二，而房地美公司在一年間，其股價更下跌百分之八十二。

對於次貸風暴之發生，不少人認為美國前聯準會主席葛林斯潘得負最大的責任，因爲在二十一世紀初的低利率政策，誘使條件不佳的投資人貸款購屋，然後於二〇〇四年底，又開始大幅升高利率，使房貸戶無力償還，直接影響到房貸銀行，使其不支倒地。同時，葛林斯潘對於衍生性金融商品採取嚴格控管策略持反對態度，並認爲銀行由自己來控管會比由市場調控者控管還來得有效。這種論調完全忽略了人性和資訊不對稱所產生的影響。人性並非全是良性的，有少數人是惡性的。他們賺錢不擇手段，對於這種人就需要法律來約束，不能完全放任。同時銀行出售衍生性金融商品時，投資者無法了解經多次包裝的金融商品，尤其在理專的花言語巧之下，他們多成了衍生性金融商品的祭品。

當自由市場的運作失靈了，是讓它自動恢復運作，還是由政府那隻看得見的手助一臂之力？站在自由主義的立場，無需政府來管，失靈的自由市場會自動恢復運作；可是一般人認爲失靈的自由市場會使人民的犧牲太大，至於犧牲到多大程度無人敢保證。例如在此次次貸所引發的金融大海嘯，將美國金融心臟——華爾街的大多數金融機構淹沒；例如五大投資銀行或消失，或改頭換面。如雷曼兄弟宣告破產；高盛和摩根史丹利改變爲商業銀行，不得再從事證券業務；美林證券由美國銀行收購，而貝爾史登爲摩根大通銀行收購。有不少人認爲美國政府未拯救雷曼兄弟，致使美國金融發生大海嘯。雷曼兄弟發行的連動債券、避險基金等都在世界各地出售，而今也都成了破產品，影響所及，受害的不僅僅是美國的投資人，世界各地的投資人也受到嚴重的波及，有些投資人甚至將終身的儲蓄投資進去，結果都變成廢紙。在臺灣，受此傷害的投資人也有數萬之眾。

政府救助順理成章？

當金融大海嘯來臨時，不僅金融業要求政府救助，而具國際品牌的製造業也要求政府救助。在民主政治制度下的民意代表不斷向政府施壓，要政府伸出援助的手，使瀕臨危機中的企業獲得援助，由於大企業對選舉的捐獻貢獻很大，政府也不能等閒視之。

在重要企業和一般投資者的壓力下，政府會袖手旁觀等待市場恢復它的正常運作？還是用行政手段糾正市場的失衡現象？通常執政當局選擇了干預，而不是側身爲旁觀者，讓這個世界在金融海嘯中沒頂。有人會批評，政府的仁慈會爲未來的危機撒下種子。不錯，但站在政府立場，在民意代表壓力之下，怎能袖手旁觀？

在金融危機時期，一般老百姓會問自己：政府可靠，還是民營企業可靠？從銀行存款的情況來看，政府較一般民營企業可靠。從前一般人相信，企業規模愈大愈健全，也愈可靠，可是此次金融大海嘯，會使民營金融巨人一個一個倒地不起，將「愈大愈好」的神話給戳破了。於是一般人趕快將存款從民營銀行提出，再存放於政府經營的銀行，或政府股份最多的民營銀行。這表示金融危機的最後靠山還是政府。

在民主制度下的政府是政黨輪替的，執政的人會垮臺，政府不會垮臺。即使在美國，在經濟危機時，一般人民也會相信政府。當美國二房（房地美和房利美）陷於房貸危機時，美國政府即投入大量資金，使其能維持下去。作爲世界第一大保險公司的美國國際集團（AIG），行將垮臺時，也是在政府投下資金後，才得以維持下去。臺灣的南山人壽是與AIG有投資關係的，當AIG奄奄一息時，南山人壽的投保人無不驚恐，以爲多年繳納的保險費化爲烏有。當他們獲知美國政府對AIG加持時，這才使投保人放下了心。可是，雷曼兄弟的命運卻多舛，它也想獲得政府的奧援，但政府袖手不管，於是雷曼兄弟一夜之間便瓦解了，而其所經營的連動債變成廢紙，在臺灣有不少投資人都因此而血本無歸。由此可知，倡導自由主義的美國人，在危難時，也需要政府拉一把。這表示在昇平之時，政府不被重視，甚至被嫌棄，民營企業受到最高的信賴，可是在金融危機時，在一般人的心中，認爲政府較民營企業爲可靠。

政府的救火措施

在此次金融大海嘯時，一般人民多相信政府會有能力使大海嘯平息，而且也有能力處理海嘯的善後問題。於是政府在民意要求下，成了救火隊。針對此次金融大海嘯，一般國家的政府所採取的措施，大致可歸爲四：

一是由政府接管行將倒閉的金融機構，或將大筆資金入股將倒閉的金融機構：在今天的美國政府是如此，在過去，在臺灣，也有由政府接管行將倒閉銀行的先例，其所採取的策略是「概括承受」，以免存款人血本無歸。這當然是製造「道德風險」（moral hazard）最典型的例子，但政府爲了顧及存款人的利益，似乎又不得不這樣作。

二是央行大幅度降低利率：利息是投資的成本。央行認爲降低利率後可提高投資意願，同時也可使股市活絡起來。除此，也可降低債務人的負擔。用意是善的，但社會的反應並不強烈，致使降低利率的效果就會有限。投資者之樂意投資主要取決於所要投資的企業有無發展前途。如果對未來很悲觀，即使再低的利率，對企業也引不起誘因作用。至於利率與股價的關係，在正常情況，人們在投資時會考慮：將資金存在銀行生息？還是投資股市？股市的風險很大，而利率的風險很小。只要股價波動很厲害，人們多選擇放在銀行生息。所以，對兩者選擇的考慮也是多方面的。

三是舉公債進行大規模公共建設：在一九三〇年全球經濟大恐慌時，美國羅斯福總統接受凱因斯的建議，由政府進行公共建設，從而增加就業，提升總需求，在當時確實產生如期的效果。從此之後，凱因斯的理論成爲總體經濟學中最重要的一章，而其所產生的影響也長達三十多年之久。現在美國又遭受金融大海嘯，很多國家都想藉增加公共建設，增加就業，進而活絡整個經濟。有些國家的公債已超出安全範圍，繼續舉債亦不易；但爲拯救目前的經濟危機，通常多不顧後代子孫的負擔，還是要增加公共投資支出，以濟燃眉之急。

四是增加消費支出，以刺激經濟活動：增加消費支出的途徑，主要有二：一爲降低稅收，一爲分發消費券。像美國這種高消費、少儲蓄的國家，分發消費券有直接的立即效果，但對推動重要產業的復甦，力道有限。像東亞國家，儲蓄習慣強，分發消費券也會有代替效果，即不少消費者會將原消費金額儲蓄起來。在這種情況下，分發消費券的效果不大。消費券對低所得階級或失業群產生的效果爲最大，對富人階級及軍公教人員的效果會很小。至於降低稅率，先就所得稅而言，通常一年中有固定的報稅時間，如果經濟危機是發生在報稅之前，降低所得稅，會產生一些效果；如果它是發生在報稅之後，在時間上，會緩不濟急。降低進口稅，或出口退稅，對生產事業會有幫助。如果進口稅已經很低，而出口退稅已行之有年，此一措施的效果也有限。至於降低證券交易稅，是否會激勵股市翻紅？也不盡然，因爲像臺灣的證券交易稅已經很低，買賣股票的人，只有交易熱絡，他們不會在意千分之幾的稅賦。降低營業稅對傳統產業會有效果，但對高科技產業已無效果，因爲它們本就不納營業稅。

對以上這些措施多是企業所希望政府做的，也是一般社會大衆希望政府要做的。不過，當「病入膏肓」時，所投的藥石能產生多少效果，也是個問題。尤其一般議會政治國家，行政部門提出救助法案後，一定要通過議會的同意。在議會，黨派不同，觀念也會分歧，在審查與通過時，又要費一段時間。所以，任何救急的政策措施都無法產生「劍及履及」的作用，往往是「事過境遷」，那就更起不了如期的作用。

最後，我要指出的，面對鋪天蓋地世紀金融大海嘯時，又會使凱因斯的擴大公共支出的主張還魂，而在這種時刻，自由主義者既然提不出使人民信服的對策，只有噤若寒蟬。我們也可以這樣說，在經濟持續成長狀態，政府愈少干預愈好；但在經濟危機臨頭時，水深火熱中的企業與人民只有企盼政府來拯救，儘管也有它的局限，這也是政府所作的公與義的行爲。

7 臺灣的豆腐渣公共工程

一、一個無解的老問題

中國大陸有豆腐渣工程受到廣大民衆之注意，乃是北川大地震時，凡公家所蓋的校舍，大多出了問題。屋塌是小事，壓死成千上百的小學生是件不可饒恕的大事。眞是無獨有偶，在臺灣也有豆腐渣公共工程。通常這種經不起暴風雨或地震考驗的工程，主要出現在政府部門，在民間部門發生的較少。如果民間企業爲自己公司或住宅而興建大樓，都是貨眞價實；民間建商所興建的預售大樓中，曾有粗製濫造的情事，但發生的案例比較少。

這種現象是否也出現在其他國家的公共工程？就我對德國與日本建築工程的了解，政府的公共工程比民間工程更爲堅固、更爲耐久。像德國在青島留下來的建築、日本在臺灣留下來的建築，都經得起時間的考驗、自然災難的洗劫。到過青島的人，都會發現設計最美、最耐久的房屋是德國在第一次世界大戰前建造的；在臺灣，日本占領期間所建造的總督府（即今日的總統府）、臺灣銀行、地方法院、臺灣菸酒公賣局等，至今卻是最堅固，而設計最好的建築。日本人最重視公共安全的場所，如小學教室，在颱風季節，它常是附近居民安身的避難所。

對於這件事，我經常思索：爲什麼大陸人和臺灣人所興建的公共工程會有問題？是民族性嗎？還是不合理的法令規章迫使公務人員爲求自保，從事這種不安全的建築？

二、豆腐渣公共工程的造因

爲什麼政府的公共工程具豆腐渣性質，而民間建築不具這種性質呢？問題在於政府官員的操守不被信任；民間卻沒有這個問題，因爲建造的樓房是爲自己所用。再者就是公共工程所使用的招標標準不切實際，而負責的官員怕被標上「圖利他人」的罪名，不但傾家蕩產，而且身敗名裂，便得過且過。因此許多公共建築，因經不起連綿豪雨的浸濕，導致不是屋頂漏水，就是牆壁滲水，或者外牆的泥胚早早剝落。立法的人顯然忘了「一分錢，一分貨」的名言。營建商不是聖誕老人，他們要賺錢，而不賺錢的生意，他們不會做。

民間企業蓋大樓完全根據本身所能掌握的資金，來決定所要進行的工程。當資金充裕時，對建築所需要的材料會選用上品，不會因價格變動，而與得標的營建商有爭執。但是，對於公共工程招標就沒有這樣簡單。有時建材的價格在得標時與開工時之間會有大的變動。如果得標時的鋼材價格比開工時高了很多，有人會舉發負責招標的公務員「圖利他人」，會被以貪污之名而起訴。這種案例屢見不鮮。

公共工程招標時，最早用的法規是「最低標」。凡投標的營建商所出的價錢高於「最低標」價格時，會被排出局；只有低於「低標」價格時，才會得標。所謂「低標」價格是否合理就是一個大問題，因爲建材的價格是經常變動的，即使工資，它也會變動。如果建材價格上揚了很多，得標的營建商一定會虧本。在此情況，如果營建商是具聲望的，就會將虧損的部分由自己呑下，不會央求招標單位追加預算。如果營建商規模不夠大，無力負擔虧本的錢，就不會自行呑下。但很多情況是：這種營建商會要求追加預算。如果他的要求被採納，他會繼續興建；如果他的要求未被採納，他所採取的辦法是：或宣布破產，或偷工減料。在前種情況，負責營建的單位只有再行招標；如屬後種情況，豆腐渣建築便形成了。

「最低標」的不合理曾受到很多人的批評。在「最低標」制度下，投標的營建商也有他們的策略，即所有營建商的標價都高於「最低標」，使招標成爲「流標」，於是負責招標的單位，不得不重擬「最低標」的價格，也就是使最低標價格提高些。在這種情況下，投標的營建商也會猜測到最低標價的範圍會是多少。如果參與的營建商的標價仍高於最低標，於是二次「流標」。經過幾次「流標」後，營建商對最低標的標價也就有了個譜。參與招標的營建商因參與多次投標而互相認識，他們會讓一家得標，多家共享的策略，即同意其中一個營建商投下最低的標，其餘卻投較高的標，使投下最低的標能得標，所得工程大家同分。由於社會各界對「最低標」多所批評，政府改採「合理標」，凡投標的價格雖高於「最低標」，但它是最接近最低標的營建商，於是他就可以得標。由於「合理標」的定位也難以拿捏，執行了多年之後，又回到「最低標」制度。

三、公共工程之進行應先經「可行性評估」

有很多地方性的公共工程，完全是爲了配合地方行政首長的任期。有時爲了連任，必須在業績上有較亮麗的表現，多無時間作可行性評估。同時地方首長惟恐經評估後的答案爲「不合格」，乃採取「先斬後奏」的戰術。於是許多大型體育場、文化館、機場，便在匆忙中建造完成。由於利用率低，收入不敷支出，而且維護費也很高，便讓體育場變成荒草沒徑荒園了；而許多文化館因乏人利用，多變成「蚊子館」；而機場因使用率低，也變成荒涼的廣場。這些浪費卻需要納稅人去負擔。

公共建設完成後，需要經常有活動，它才有存在的價值，否則，就是一大浪費。如歌劇院的興建，在美國有那麼多大城，只有紐約的百老匯歌劇院因觀光客的支持，始能維持其存在；在臺灣，要想建歌劇院，必須愼重考慮它存在的必要性。像紐約城的歌劇院，經常去觀賞的，主要是流動性高的觀光客，當地的民衆多認爲總會有機會去欣賞，不必急著去。

四、公共工程必須有事先的評估

任何公共工程的費用都是巨額的。對於是否有必要興建，可行性評估是需要的，可行性評估不僅是技術、財務、功能問題，還有環境問題，如果忽略了環境的重要性，往往變成政府的棘手問題。在過去，公共建築爲什麼會發生養蚊子館、野草沒徑的荒地、寥若晨星的地方機場，都是因爲(1)當地人民的需求少；(2)政客爲選票，爭取當地人民的好感；(3)同質公共建設惡性競爭結果。因此浪費了國家資源，也就是納稅人的血汗錢，包括公帑的支出和土地荒廢，失去利用價值。

很多公共建設都應重視它的需求，需求增加需有兩個條件：一爲常駐人口是否增加，一爲所得水準是否提高。近十年以來，臺灣百分之九十五的人口之所得水準未被提升，而臺灣人口增加有日趨漸弱之勢；尤其少子化和高齡化現象已聯袂發生，益使人們對公共建築的需求，無論在數量上，或應用上卻必須重估，絕不能用二十年前人口變動趨勢，推論未來人口變動方向。

五、結語

要減少公共工程的豆腐渣性質，現行的法令必須加以修改。最低標故不可取，合理標也缺乏一定的規範。公共工程招標是需要的，但必須有個合理的估計，而合理的估計，政府應設立一公共工程評估單位，在進行招標之前，對公共工程的興建需提供一個合理的費用，同時允許給予營建商合法的利潤，如總工程費用的百分之五。對於營建商資格的選擇要符合一定的條件，經驗、信賴度都需要加以檢驗。爲保障品質，凡績優的營建商應有連續得標的權利。

物必自腐，而後蛀

社會篇

1 增加就業機會的有效途徑

一、問題緣起

首先要問：臺灣失業嚴不嚴重？你可輕描淡寫地說：臺灣失業率並不高，看看西歐國家的失業率多在百分之六至十二，今天臺灣的失業率亦不過百分之四．二，算不了什麼？也有學者認爲：歐美國家失業率之統計，主要是根據領取失業救濟的人數，每月都有登記，故它們的失業率較可靠；而臺灣的失業率是按少數樣本推估而來，在代表性上，有很大的爭論餘地。如果凡失業者可到政府登記，每月可領到一萬元的救濟金，相信失業的數字會大幅升高。也有人認爲，最近幾年因失業而全家自殺者日有所聞，這是過去五十年來罕見的現象。無論如何，臺灣的失業問題是個嚴重問題，記得在二○○一年，全國經發會的首要議題，即是如何解決失業問題。四年已過去了，失業問題仍在，且無大幅降低的跡象。爲什麼？這是需要加以解釋的問題。

二、失業問題的根本原因

失業問題的產生，大體上可分經濟循環所產生的失業現象，和產業結構變動所產生的失業現象。二〇〇〇年第三季以來，因世界經濟不景氣，臺灣電子業和資訊業首當其衝，因此，所造成的失業稱爲經濟循環所產生的失業。至於結構性失業，如傳統產業因技術升級或機器設備更新，因而少用勞工所造成的失業現象。

近年來，臺灣所產生的失業現象毋寧是結構性失業，諸如⑴廠商因在國內經營困難，乃將工廠移到海外，在此情況下，國內關廠便造成很多人的失業。在此情況下，老闆可以轉移陣地，尋找商機，一般工人的就業便成爲問題；⑵產業升級：由傳統性產業升爲高科技產業，前者利用較多的人力，後者則利用較少的人力，而所節省下的人力在短期間內，就因失去工作機會而失業；⑶銀行、證券和保險業間合併而成立金控公司，凡同質的工作，因合併而少用人力；⑷少子化現象日趨嚴重，許多小學、中學人數大量減少，致使大學專校爲其所訓練的師資，畢業後，多找不到預期的工作而被閒置。這些原因構成了臺灣失業率難以下降的主要理由。

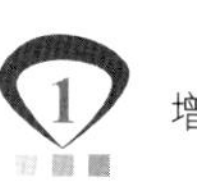

三、降低失業率的對策

過去，有些人認為產業升級會創造很多相關產業，但是在短期內的衍生性效果並不顯著。如果升級的產業是處於製造階段，如OEM或ODM，則所衍生的產業便十分有限；如屬於創新階段，其所衍生的產業會較多。一九九○年代，對臺灣產業而言，是產業升級最明顯的階段，電子業和資訊業如雨後春筍，紛紛在臺灣建立起來，其所創造的就業機會與傳統產業仍然相差很大，而與其相關的下游產業又多設在大陸；能夠創造較多就業機會的產業倒不是在臺灣，而是在大陸，像廣東省東莞及上海附近昆山的臺商所經營的產業。

降低失業率的根本之道是使各產業能保持高度的成長，藉廠商的擴張，可創造較多的就業機會，這就是說凡能維持高度成長率的國家，其失業現象多不會嚴重。如一九七○年代（一九七一至八○）和一九八○年代（一九八一至九○），臺灣曾維持高度的經濟成長，每年平均經濟成長率為百分之八．六，因此失業率也非常的低，每年平均為百分之一．八七，這是相當低的失業率。事實上，在一九八○年代後期，很多工廠極度缺少人手，即使提高工資，也找不到足夠的勞工，於是乃有引進外籍勞工之舉；也有些廠商因生產成本增高，出口困難，乃到東南亞的國家去發展。

表一　固定資本形成與利率

年	固定資本形成成長率%	利率%
2000	1.90	4.60
2001	-4.92	2.20
2002	-0.30	1.55
2003	-0.36	1.125
2004	2.59	1.175
平均	-0.22	2.13

資料來源：Council for Economic Planning and Development, Taiwan Statistical Data Book, 2010.

在失業率嚴重的國家，通常採取財政政策或金融政策來鼓勵民間企業增加投資。可是自二〇〇〇年以來，臺灣利率空前的低，例如二〇〇一年爲百分之二．二，二〇〇四年爲百分之一．一七五。但民間投資並未因利率低便增加投資，這是十分矛盾的現象。例如二〇〇一年年增率爲百分之負四．九二，二〇〇四年爲百分之二．五九。就過去五年而言，平均每年固定資本形成年增率爲百分之負〇．二二，利率爲百分之二．一三，顯然利率與投資脫離了相關的關係。

同時在財政政策方面，政府曾對土地增值稅率減半徵收，同樣其對經濟成長率之增加效果並不顯著。至於採取以工代賑方式，減少失業的效果，在短期內，可降低失業率；在長期，它也會失去預期成果，顯然政府在這方面的作爲十分有限。

四、增加就業機會的有效途徑

最近三、四十年以來，西方國家，尤其是西歐，莫不以振興旅遊業來創造就業機會，因爲這種產業既不是污染性產業，又是創造非技術性就業的產業。像義大利，憑羅馬帝國遺留下來的殘缺石柱、鬥獸場，每年可吸引百萬以上的遊客來憑弔；希臘也憑古希臘留下的神廟石柱及廢墟，每年也吸引上百萬的遊客來懷古。近十五年以來，東亞國家也體認到振興旅遊業是創造就業最容易，也最多的產業。像泰國發展芭達雅島、印尼發展巴里島、韓國發展濟州島等，均對其國民的就業作了積極的貢獻。

在世界各國均重視旅遊業的今天，臺灣執政當局偏偏漠視這個投資少，而創造就業機會多的產業之發展。二〇〇四年，香港的旅遊人次高達二千一百萬人次，今年預期要達到二千五百萬人次，而澳門只不過二・八平方公里大小的城市，二〇〇四年竟也引來一千六百五十萬人次的旅客。結果，香港擺脫了經濟低迷，失業率大幅下降的事實；而澳門經濟成長率每年超過百分之二十，而成爲珠江口一顆亮麗的明珠。回頭看看臺灣，二〇〇四年來臺旅遊的人次（包括商務性的），尙未達三百萬人次。相比之下，臺灣是個最不鼓勵旅遊的島國。歡迎歐美人士來臺，我們拿不出更吸引人的東西（除了故宮博物院），大陸旅客十分想來臺看看，我們又敬而遠之。根據二〇〇二至二〇〇四年少數來臺參訪的大陸人士的經驗來估計，每位大陸同胞來臺旅遊，平均每人要花一千五百美元（約合新臺幣四萬九千五百元）。如果每年有一千萬人次來臺灣，其總支出爲四千九百五十億元；這四千九百五十億元新臺幣完全在臺灣消費，其所創造的就業機會就十分可觀。基於這個考量，我們認爲開放觀光，使大陸同胞來臺灣旅遊，不僅直接活絡了臺灣的旅館、飯店、交通運輸、各種紀念品店、百貨公司，而且兩岸人民獲得直接交流的機會，可增加彼此的認識，這對鞏固兩岸交流基礎會很有利。

當大量的大陸觀光客來臺灣之後，會使交通運輸熱絡起來。臺灣的航空、鐵路、公路會因此而忙碌起來，不會因旅客過少而閒置。惟在這種情況下，旅遊業將對臺灣社會創造許多就業機會，而臺灣的失業現象也就不會成爲痛苦指數的主要造因。

對於大陸同胞來臺觀光，在二〇〇八年以前執政當局總是採取太過謹愼的態度，執政當局反對「積極開放大陸客來臺觀光」有兩個理由：一爲怕大陸同胞觀光後留在臺灣，成爲社會的包袱；二認爲臺灣的國防將完全暴露在大陸客面前，失去機密，這對臺灣安全十分不利。其實，這兩個理由是十分牽強的。例如第一個理由，大陸同胞爲什麼會留在臺灣？如果沒有親戚可依，他們一定會返回大陸。即使大陸同胞來到臺灣，政府當局所能開放的戰略地點，他們怎會用十九世紀的笨方法，蒐集臺灣國防資訊。以上兩種考慮，我認爲是多餘的，沒有實質價值。

五、結語

最近法國發生大規模的暴動，主要是因爲失業嚴重，經濟學人認爲：當年輕人離開學校，除了失業，見不到未來時，最後他們會抗爭（Nov. 12, 2005）。對於這個警語，我們不能不多加警惕。對於創造就業機會，降低失業率，我們並非缺乏對策，問題在於執政當局的觀念中滲入了過多的意識型態。如果我們能像澳門、香港一樣，大幅開放我們的旅遊業，相信半年之後，臺灣的就業市場就會出現另一個面孔——就業機會大增，失業率大幅下降。

2 臺灣社會潛在的隱憂

前言

幾乎每個人知道「人無遠慮，必有近憂」這句箴言的涵義，可是眞正去接受這個警惕的人並不多。因有一句歇後語「不見棺材不落淚」，充分表達出一般人的短視，只看眼前，不看未來。不過有些牽涉到社會根基的問題，爲政者、社會經濟學者不能不早加注意。所謂「不豫則不立」，就是規勸世人不僅僅重視現在，而且也不能忽略了未來；儘管未來充滿了不確定的因素，但也要考慮未來的可能變化。

其實，有很多社會現象早已存在，它們的發展是好是壞，從過去所形成的蹤跡中也可窺知一二。所謂「冰凍三尺，非一日之寒」。如果冷靜地觀察某些社會現象，無不有它的成因及發展的蹤跡，從而可得到某些啓示。在本文所舉的幾個例子，都是在臺灣社會所存在的現象。對於這些現象的發展，聽任其發展下去？還是「未雨綢繆」

加以糾正？均需要作明智的選擇，無論如何，世界潮流在變，而臺灣社會經濟環境更有大的轉變，這些變化將使我們對下列諸問題非加強處理不可：(1)少子化問題日趨嚴重；(2)外籍新娘生兒育女問題；(3)家暴將家庭變為煉獄；(4)無誠信社會的悲慘下場。

一、少子化問題日趨嚴重

三十年以前，不少人憂慮世界人口爆炸問題；即一旦人口爆炸發生，全世界人類便會陷入飢荒。回頭自二次大戰結束後，世界各國人口加速成長，其中以開發中國家而言，它們的人口成長最快，而糧食的供應因受制於「報酬遞減律」的制約，會使人類陷入飢餓而到死亡。可是到了二十世紀末葉，全世界的出生率，不論已開發國家或開發中國家，無不有下降的現象，而且對很多國家而言，十年、二十年後其全國總人口會減少；這種趨勢一旦形成，在二、三十年之內，這種趨勢不會改變。

在臺灣，人口出生率自一九八四年起便低於百分之二，到二〇〇四年，便降為百分之〇．九六。而人口自然增加率自一九九四年便低於百分之一，到二〇〇四年更降為百分之〇．三六，這兩種增長率下降速度相當的快。按照行政院經建會推估，到二〇一四年，自然增加率便降為負值（百分之負〇．二九），也就是說，臺灣總人口從該年開始下降。問題在於〇至十四歲年齡人口自一九八四年起便開始下降，例如該年爲五百七十三萬七千人，到二○○四年便降爲四百三十七萬五千人，即二十年內共減少一百三十六萬二千人，每年平均減少六萬八千一百人；而十五至十九歲少年人口，則自一九九七年開始下降，由該年的二百萬六千人降爲二○○四年的一百五十八萬七千人，共下降四十一萬九千人，每年下降五萬九千八百五十八人。從○歲到十九歲的人口組爲幼稚園、國民義務教育、高中階段的學齡，這組人口的快速減少，直接衝擊學校規模的縮小和教師的大量減少。換言之，今後每年都會有大量的教師失業。高中學生的減少，又會衝擊大專院校學生的減少。我們可大膽的預測：到民國一百年，會有很多大學會瀕臨關閉的命運。

青年人口的減少，也會影響勞動力的減少；而勞動力的減少，除非科技有飛躍的進步，會影響生產能量的減少，也就不利於經濟成長。同時，青年人口的減少也影響國防力量的成長，老幼畢竟不是捍衛社稷的主力軍。

臺灣人口生育率的不斷下降已成事實，要想扭轉這種趨勢並非易事。目前，一般青年男女，戀愛不結婚，或同居不結婚；而結婚或同居又不生子女，成爲一種時尙。形成這種時尙的因素很多，主要的，一般女生接受大學或研究所教育後，對生兒育女的興趣會大減；她們願意成爲職業婦女者多，成爲家庭主婦者少。同時，生兒育女不再是本利雙收的投資，而是一種沉重的經濟負擔。很多結婚的婦女願意留在職場自力更生，甚至出人頭地，不願回到廚房作男人的附庸。獨立、自覺、自由的享有，是大多數女人不願固守廚房的主要因素。

到現在爲止，世界上人口減少的國家，所採用的鼓勵生育措施，多效果不彰。況且我們對這個問題既缺乏深入的研究，又提不出有效的方法跳脫傳統鼓勵生育老套之窠臼。

二、外籍新娘生兒育女問題

大體言之，自一九九〇年以來，臺灣的農家子弟、貧窮人家的兒子，以及退役的老兵開始娶外籍婦女爲妻。因爲他們家境不富裕，又沒有受高等教育，一般有教養的本地女人，多不願嫁給他們爲妻。於是，在政府採取對外開放政策以來，他們也想結婚成家。一般中國大陸的婦女願意嫁給六、七十歲的老兵，由於資訊不靈通，彼此欠缺了解，不少大陸婦女認爲臺灣老兵很有錢。一位退役老兵每月收入一萬三千五百五十元的新臺幣，可兌換三千多元的人民幣；在一般大陸農村小鎮每月收入三千多元則是相當富有的人，可是在臺灣，每月收入一萬三千五百五十元只能供一個人糊口，算是貧民戶。至於一般農民或受教育不高的平民，他們所娶的，多半是經由中介人士牽線的越南、印尼婦女。當她們來到臺灣成爲他們的新娘後，始發現家境寒酸，而傳統規矩又多，適應起來相當困難。重要的是語言不通，要想了解對方，憑比手畫腳是不夠的，其中成爲怨偶者很多。無論如何，這些外籍新娘，由於文化背景不同，生活方式也不一樣，在適應上相當困難，而這些外籍新娘的生育率又比當地婦女高得多。結果，新生兒童中，他們所占比例不斷增加，而且因家境不佳，受不到適當的教育，待他們長大了，會受到社會的歧視，造成心理上的失衡；在找工作時，又因欠缺專業訓練，處處碰壁，難免會產生怨恨。這些年輕人一旦形成一個被歧視的族群，那將是一個社會治安的不定時炸彈。我們看到近年來英國、法國所發生的社會動亂，都是肇因於非洲移民對種族歧視的反動行爲。

即自一九九八年至二〇〇五年而言，在臺灣外籍新娘所生的子女已高達十九萬八千四百〇一人，即以二〇〇五年而言，外籍（也包括大陸、港、澳地區）母親生出二萬六千五百〇九人，占全臺灣嬰兒出生數的百分之十二・八八。連同一九九八年以前出生的嬰兒，估計會有二十五萬人。執政當局似乎採取不聞不問的態度，迄今，從未聞有任何規劃的政策善待這些外籍新娘及其所生育的子女。我再強調：這個被忽視的族群會是明天臺灣社會擺脫不掉的沉重負擔，因爲他們未受到相當高的教育，在社會上謀生不易，難免會成爲社會問題的淵藪。（見表二）

表二　臺灣外籍母親出生嬰兒表

年	臺灣出生嬰兒總數 (1)	外籍母親（包括大陸港澳）(2)	(3)=(2) / (1)
1998	271,450	13,904	5.12
1999	283,661	17,156	6.05
2000	305,312	23,239	7.61
2001	260,354	27,746	10.66
2002	247,530	30,833	12.46
2003	227,070	30,348	13.37
2004	216,419	28,666	13.25
2005	205,854	26,509	12.88
總計		198,401	

資料來源：臺北：內政部戶政司。

三、家暴將家庭變爲煉獄

家庭本是一家人溫暖的巢，子女們避風的港。也許是由於社會風氣的敗壞，也許源於經濟拮据的原因，有不少家庭成爲暴力的刑場，或人生的煉獄。

每天由臺灣的報紙或電視所看到的社會新聞，充滿搶劫、姦殺、詐欺、街頭流氓濫砍行人、綁架勒索後撕票、自殺等報導。以臺灣如此之大，每分鐘竟有一起刑案發生，其中家庭暴力占相當大的比例；像夫殺妻、妻弑夫、子殺父母、孫打祖父母、父母協同子女自殺。更荒唐的是，家庭亂倫現象處處發生，例如父姦親生女、祖父姦孫女、母親男友姦女兒、兄姦妹等新聞，令人不寒而慄！

「人之異於獸者，幾希！」的確應驗了今天臺灣社會現象。最令人憤慨的是為父者，竟強姦未成年親生女兒達五、六年之久，而作母親的竟視若無睹，而為父者對離婚後留下的女兒也往往成為報復的對象，即強迫親生女兒代替妻子進行性侵害。這種亂倫行為，眞是禽獸不如。六十年前，若有這種行為的爸爸早被鄰居打死；但在今天這種法治不彰的社會，只要「遮羞」一下，就天下太平。

從前並非沒有家庭暴力情事發生，但是沒有像今天這麼頻繁，這麼嚴重；尤其為父者將女兒當作洩慾工具，確是罪不可赦的重刑犯。這種行為的發生，一方面歸因於刑法太輕，不產生警惕效果；另方面歸於色情新聞透過電視、電影、網絡，到處氾濫，將傳統的行為規範摧毀殆盡。同時，經濟拮据也是「夫妻百日哀」的主要原因。至於子殺父母、孫傷祖父母，主要是為了金錢，或為了家產。這種無人性的行為，與法治、教育都有密切關係。家庭為社會的基礎，基礎倒塌，整個社會也會瓦解。這不但是隱憂，更是危機之所在。

四、無誠信社會的悲慘下場

中國傳統的社會價值是以誠信為中心的，無論帝王、小民都強調這個社會價值的重要性。古人有言：「人而無信，不知其可也；大車無輗，小車無軏，其何以行之哉？」。又云：「言忠信，行篤敬，雖蠻貊之邦，行矣；言不忠信，行不篤敬，雖州里行乎哉？」如果失去這個社會價值，整個社會會成爲弱肉強食的禽獸世界。對於一個社會而言，父母與子女間重誠信、夫妻間重誠信、朋友間重誠信、長官與部屬間重誠信，這個社會才能營造出一個安定而和諧的局面。

一個社會失去了誠信，也就是社會價值失去了準則。近年來，社會上所盛行的詐欺就是不誠信的必然產物。父母不重誠信，子女效尤，家庭必分崩離析；夫妻間不重誠信，會成怨偶，早晚會走上離婚之途；長官與部屬間不重誠信，這個組織必會互相傾軋，交相爭利；一國領袖不重誠信，固然會失去老百姓的尊重、擁戴，而且也會引起友邦的不齒。

很不幸，近年來，我們看到臺灣無誠信社會所產生的混亂現象，爲五十年來所罕見。尤其一國領袖，「言而無信」竟成爲常態，這是任何民主國家難以容忍的行爲。像美國的水門事件，因尼克遜總統不夠誠實，美國人使他黯然下臺。當政者不應忽略一國領袖的言論，有「一言九鼎」的重要性和「言出如山」的影響力。如果當政者重視誠信，才能收「言必信，行必果」的效果，這對政策措施的執行才能達成如期的效果。如果我們再不重視誠信，社會將會沉淪於互相傾軋及攻訐的混亂境地。

總之，前面所列舉的四項隱憂已有明顯的徵象出現。如果我們再麻木不察，這四項隱憂會愈來愈明顯，也會愈來愈嚴重。為了消除這四項隱憂，社會大衆固要趕快覺醒，而執政當局更應消除意識型態之爭，提出對策，以期能產生「亡羊補牢」之效果。無論如何，二十一世紀是個全球化的世紀，也是個競爭激烈的世紀，要想使臺灣能夠屹立於世，還有持續發展的餘地。為此，無論個人、企業或政府，必須重視前面所指出的四大隱憂，並力圖加以解決；惟能如此，才能衆志成城，壯大競爭力，接受各項挑戰，也才不會使臺灣經濟奇蹟成為歷史陳跡。

3 貧富差距兩極化的隱憂

一、對全球化的支持與反對

自一九九〇年以來，全球化的聲浪響徹雲霄。很多人歡迎它的來臨，也有不少人反對它的來臨。歡迎的理由很堂皇，即在全球化推動下，商品可自由交流，不再受關稅與非關稅障礙的阻擋；人力可自由流動，不再受拒絕的待遇；資本更可自由移轉，它願移轉到什麼地方，就到什麼地方；技術也可自由移轉，只要肯付出大的代價，再機密的技術也會為我所用；資訊也可自由流傳，不再有黑箱的存在。在這些自由化的境界，不是人類所追求的理想境界嗎？可是，在這世界上有不少反對全球化的聲音，而這些自由對他們而言，都是不可企及的，因為這些反對全球化的人多沒有選擇的自由；對於商品，他們沒有選擇高檔商品的能力，只能在低檔商品範圍內打轉；對於人力自由流轉，因為他們不具備隨時尚而能改變專業的能力，且隨時都有失業的可能；

對於技術的自由移轉，他們沒有能力去創新，也無能力去買專利；對於資訊的自由流傳，因財力匱乏，也使他們無法接觸到最新的資訊。所以，他們反對。由於全球化是各種組織、各種制度所推動的一種觀念和行為，他們只能對世界大國領袖的聚會表示抗議，但是，短暫的抗議不會發生任何具體的效果，僅像海上一片浪花，瞬息即不見蹤影。

二、全球化使各國生產鏈重新組合

生產鏈的組合是近三、四十年來流行的一種方式；在之前，強調一貫作業生產，一個公司愈大愈能進行一貫作業。在國與國之間交流仍受限制的時期，同業之間的合作生產尚不流行。一貫作業可增高生產效率，且使零件規格符合相關部門的需要，可是這種生產方式並不經濟，乃有大企業培植附近的中、小型企業為其衛星企業，使很多零組件由衛星企業提供。到了二十世紀下半期，跨國企業開始流行，在最初階段國際間交通運輸尚不夠快捷，運輸時間過長，會耽誤生產上的需要，跨國企業尚不能肩負生產鏈的一個環節。到了二十世紀末期，國際間交通運輸比較方便，重大的零組件可交由貨輪運輸，輕小零組件可交由航空辦理。在這種情況之下，跨國、跨州、跨洋的生產鏈便形成了。

生產鏈形成的基本觀念，在於充分利用各地具優勢的生產資源。如果甲地的人力便宜且又能刻苦耐勞，有些企業就將分支機構設立在人力便宜的地區，從事多用人工、少用機器的生產；如果甲地的原材料供應具比較優勢，就選擇這個地區設立工廠。如果引進技術不方便，就在有高技術的地區設立工廠，就地取才，使最新技術很快移來爲我所用。約在兩世紀之交，不僅許多新興工業化國家的企業掌握到這一點，連歐美國家的企業也看中了這一點，紛紛採取這種方式，到生產資源具比較優勢的地區生產零組件。它們已發現：世界上在勞力方面最具比較優勢的兩個地區，一個是中國大陸，一個是印度。前者適於硬體產品的生產，後者屬於軟體產品的生產。在這方面，到目前爲止，世界上尚無其他國家，像中國與印度一樣，潛力大，而且會有較長時期之供應。西方國家鑑於親自設工廠生產不如就地取材，加以改造、訓練，使其符合需要，於是購併、兼併、合作的方式便一一出爐。

三、跨國供應鏈使貧富差距加大的重要原因

從企業經營的觀點，跨國企業對於一個企業的增長很有幫助，但是對它的母國就業最不利。譬如一位美國電腦設計師一個月的薪水就等於十個月印度的電腦設計師，而所產生的效果乃是：在同樣待遇之下，印度的生產成本爲美國的十分之一。這就是

何以很多美國公司，就利用這種方式牟取厚利。但所謀取的厚利，並不爲全體員工分享，而是由執行長等決策人物獨享。他們的年薪要以千萬美元計，而下層員工的待遇不但不增加，反而隨時都有失業的危機。近年來，這種委外生產方式（outsourcing）愈來愈流行。

對這些企業老闆來說，這是國際競爭之下應有的反應，因爲它們已發現一些新興工業化國家早已利用中國及東亞各國的比較優勢，逐漸占有美國市場，美國的企業如果不再走出去，它們在美國的競爭力就會逐漸消失。爲了贏得競爭，它們不得不將供應鏈的一些環節設在開發中國家。對於開發中國家而言，外人投資不但爲它們提供了很多就業機會，而且也逐漸改善它們的經營方式，增加它們的外匯收入，因此，它們對外人投資歡迎備至。爲了吸引更多的外人投資，提供優良的投資環境和更多的優惠待遇。相形之下，對於在海外建供應鏈而言，不少已開發國家漸漸出現：工會力量式微，中產階級逐漸向貧窮階級方向滑落，只有極少數中產階級能晉身富有階級之林。

一般新興工業化國家中，許多企業由於工資的增長漸漸削減了它們的國際競爭力。於是，一方面到開發中國家去布局供應鏈的一些環節，另方面，在國內的產業，便採取工資不增長的策略，於是改採派遣公司所提供的人力。許多企業的老闆，一方面辭退中級以上幹部，所節省的費用來僱用派遣公司所提供的廉價勞力。對於這些勞力，既無升遷制度，也無年終獎金和退休金。採用這種制度，可使企業節省大量的生產成本，然而老闆並不利用因此剩下的資金去提高科技水準，而是去提高老闆的待遇，像臺灣金控公司的老闆，其年薪竟高達數千萬元，而對一般勞工的工資卻不提高。

四、結語

全球化是擋不住的時代潮流。任何反抗的行動都無濟於事，除非全世界各地區的工資水準相差不大，委外或派遣公司的功能才能消失，否則，貧富兩極化的發展是難以避免的。我們可以理解到，在十九世紀，英國工業革命曾激發馬克斯的靈感，創造了共產主義，而共產主義所主張的「公平」的呼聲，曾誘使無數的年輕人爲其效命。在未來，是否會產生類似的力量，拉平貧富兩極化的差距？有人認爲歷史不會重演。但是貧富差距過大，而富者極盡奢華之能事，而貧者又無立錐之地，兩相對照，難免會使人激動，也會使人偏激。

爲了化解貧富差距懸殊的局面，富者除可享受人間榮華，但要分出些財力，去爲貧者創造就業機會，使貧者有屋可居，有衣蔽體，有飯可吃，有病可醫，也能過著一個現代人的起碼生活。爲了達到這種境界，仍需要政府那隻看得見的手，去優化投資環境，去改善生活環境，然後，使社會保障制度的建立有可依賴的支柱。

4 對M型社會的隱憂

自日本大趨勢學者大前研一提出「M型社會」以來，很多人質疑他是危言聳聽，不予置信；也有不少人信以爲眞，認爲應加以重視。對於「M型社會」，我是很嚴肅地看待這個問題。如果世界主要國家有此種跡象出現，那就不應加以忽視，因爲這個問題會讓我想起共產主義產生的時代背景，即十九世紀英國工業革命成功，工人階級的生活不但得不到改善，反而愈加貧困，而資本家卻日擲千金，享受奢侈而豪華的生活。在貧富差距日趨懸殊的情況下，便迸發出共產黨的火苗來。到二十世紀前半期，壯大的共產黨便以秋風掃落葉之勢，將半個地球上的資產階級和它的政權統統吞噬掉，使整個世界籠罩在恐怖中，直到一九八〇年代。在一九六〇年以前出生的人都該有些記憶，也不會輕易忘掉。

到了一九九〇年，全世界的共產主義國家中，絕大部分放棄了共產主義和計畫經濟，改採市場經濟，允許資產階級的存在。在它們放棄計畫經濟之前，社會上沒有富有的資產階級，人民雖當家做主，卻過著貧窮的生活，而且彼此生活水準差不多；可是自採行市場經濟制度以來，便出現了貧與富的人；其中有能力的人，或具專業技能的人，經過努力，又因掌握機遇，成爲富有階級；能力差的人，或無專業技能的人，即使努力，也擺脫不掉貧窮的桎梏。如果政府能因此現象，建立起社會保障制度，使低收入者也能生活下去；同時，使富有的人確能按能力納稅，相信社會會是安定的，即使貧富之間有些差距，也不會使嚴重的M型社會出現。

一、國際環境下的競爭特質

全球化原是已開發國家所憧憬的一種境界，也是自由主義學者所追求的一種理想。理論上，在全球化下，人力可以自由流動、商品可以自由交易、資本可以自由流動、技術可以自由傳遞、資訊也可以自由傳播。事實上，全球化下的自由仍然是有條件的、受限制的。譬如人力之自由流動：很多國家歡迎有專業、有才能的人，並不歡迎無專業或無才能的人。換言之，在全球化下，唯有專業或具才能的人才有選擇的自由；否則，就無選擇的自由。商品之自由交易：新興國家的廉價商品爲已開發國家中、低收入階級所歡迎，可是因爲已開發國家的傳統產業仍然要生存，所以它們要反對廉價產品的進口，而且利用各種理由加以阻撓。高檔的產品爲富有的人所歡迎，但新興國家不能出產此種產品。

資本之自由流動：資本會流到最有利可圖的社會，對於無利可圖的社會卻無興趣；誰能提供最優越的投資環境，國際資金就會自然流進去；否則，國際資金也會過門不入。技術之自由傳遞：這只限於無高度機密的技術，凡具高度機密的技術會受到保護。如果生產環境優越，可從吸收人才方面得到機密技術，因爲技術是專業人力創造的。資訊之自由傳播：主要取決於一國對傳播之解放程度及傳播工具的進步程度。傳播工具進步，而政府不加管制，則可享資訊自由；否則，也無機會享受資訊自由。顯然，全球化所帶來的自由是有條件的。「人生而自由」是鼓勵人要爭取自由，但爭取自由必須具備一定的條件，缺少了這些條件，自由仍是懸在天空的彩虹。

二、全球化的特質是競爭

任何競爭都有叢林法則的宿命，即優勝劣敗。人生而並不平等，有的生來就聰敏，有的生來就愚鈍，有的生來就含著父母備好的金湯匙，有的生來就三餐不繼。競爭的結果，往往是優勝劣敗，或以大吃小，或以小吞大，總有一方是勝者，一方是敗者。儘管有人發明了大家共存的「藍海策略」，以取代相互血拼的「紅色策略」，但在機會有限的情況下，並非人人皆有另闢蹊徑，或別出心裁的才能。絕大多數的競爭失敗者，需要政府那隻看得見的手來救助，否則，就難有生存的機會。

三、M型社會形成的背景

全球化原是已開發國家所憧憬的一種境界，而一般開發中國家最初的反應是恐懼、是疑慮，深怕變成殖民地，自由生活失去保障。事實上，自二十世紀晚期，全球化開始流行以來，有的國家受惠，有的國家受害；受惠的不一定是已開發國家，反而是開發中國家，或新興工業化國家。有三種現象是促成M型社會日趨壯大的主因：即⑴國際間委外（out-souring）生產及供應鏈的建立；⑵國內的派遣公司或人力銀行的流行，和⑶不合理的賦稅制度。

就國際間委外（out-souring）生產及供應鏈的建立來說，由於各國、各地區經濟發達程度的不同、社會安全制度的有無、勞力素質及工資水準的高低、投資環境的優劣，在全球化浪潮之下，企業家對生產場所有了不同的選擇。在這些可選擇的條件之中，勞力素質及工資高低，往往成爲最優先考慮的條件。也就是在這種背景之下，委外生產便流行起來。在這種生產方式之下，受惠的是接受委外工作的國家，受害的卻是委外的國家。在委外的國家，委外生產取代了國內生產所需要的技術勞工；在接受委外工作的國家，卻創造了大批技術勞工的就業機會。對於委外的企業而言，所創造的利潤主要爲企業的執行長（CEO）所分享，而非基層勞工。即使企業本身不賺錢，它的CEO仍會享有高薪。另一種是供應鏈的建立。大體上，有兩種方式，一種是到勞力便宜或有相關資源的地區投資設廠，這是一種對外投資；另一種是利用開發中國家或新興工業化國家當地的廠商，代爲生產某種產品的一部分零組件，即所謂OEM或ODM，生產之後，運到母廠去裝配。因爲生產這些零組件的工資便宜，從而降低母廠的生產成本，也提高了廠商的競爭力，卻減少了國內的就業機會。

就國內的派遣公司或人力銀行的流行來說，無論是派遣公司或人力銀行都是爲業者提供人力，爲想就業的人代覓就業機會。按說，這是一種不錯的安排。惟介紹到各企業去就業的人力都屬臨時性，按時計酬，無論病假、事假、週末、國定假日均無報酬，自然也無退休制度。這對初次就業的人頗有吸引力，但服務一、二年以上，會發覺繼續工作下去，待遇只能糊個人的口，要想養家卻無此能力。公司的老闆或所謂CEO階層的人，待遇十分優厚，一個董事會的成員，年薪或可達億元。如此下去，員工升遷既成問題，而退休制度更付闕如。一旦這些員工到了退休年齡，他們何去何從？生活又依靠什麼？這是一個潛在的、具爆炸性的社會問題，執政當局不能等閒視之。

就不合理的賦稅制度來說，作爲一國國民，納稅是其天職。政府所徵收的賦稅不僅可維持政府的存在，而且會使政府有力量去完成個人無法達成的任務，如國防、社會治安、社會救助等。量能納稅是二十世紀以來爲世界各國所採行的一種稅制。這就是說，富有的人多納稅，不夠富有的人少納稅，而貧窮的人不但不需納稅，政府還要補助他們，使他們也有生存的權力。可是現在的問題是：富有的人儘量逃稅、避稅、或免稅，讓納稅的擔子主要落在中產階級的肩上。結果，富有的人極盡生活享受之能事，而中產階級的人漸漸向低所得階級傾斜，最後導致兩極化的社會：即富者愈富，貧者愈貧，也就是M型社會。

四、臺灣是否正在形成M型社會？

對於臺灣是否正在形成M型社會，從統計分析上可見端倪，從社會現象上更可窺知一二。雖然一般用的五等分位法，所表示的貧富差距倍數在最近十年提高了很多，而吉尼係數也增大了些，可是這兩種方法所利用的原始資料之來源出現偏頗現象，即它未能將富有者及貧窮者包括在內。我們利用幾個統計數字及呈現在眼前的現象，也可窺知M型社會的梗概。

臺灣貧富差距加大不是最近才出現，其實早在一九九〇年代就開始發生了。表三提供了一個概括性的印象。一九九二年至二〇〇六年GDP成長率平均為百分之五．二，國民所得為百分之三．五，而消費支出為百分之二．九，均遠低於經濟成長率。如比較一九九二至一九九九年和二〇〇〇至二〇〇六年兩個時期的差距，後期比前期差距更大，表示貧富差距在後期更為嚴重。

在臺灣，代表中產階級的人主要為軍人、公務員、教師、小企業主等。十五年前，一位資深教授的月薪是十萬元；今天，是十萬多元。在這期間，軍公教人員名目待遇幾乎沒有變動。一位獲博士學位的年輕人回國服務，十五年前是六萬四千元，今天是六萬六千元，一位大學畢業生月薪是二萬五千元，今天還是二萬五千元，如果按派遣公司的待遇，尚達不到這個水準。如果將十五年的通膨率算進去，他們的待遇卻是負成長。可是，臺灣的經濟成長率在過去十五年平均為百分之五．二；百分之五．二的成長率並不低，為什麼代表中間階級的薪資沒有成長？

在十五年以前，為失業而投水自殺、燒炭自殺、全家自殺的案例並未見諸新聞，可是近幾年，這類的慘案卻經常發生，為什麼？因為他們沒有明天。相對地，臺北市營建商推出的頂級豪宅，每坪最高價位為二百萬元，超過一百萬元的豪宅廣告，占了每日三家大報紙最大的版面。就一個大學教授的待遇而言，一年的薪資尚買不起一坪豪宅；即使每坪四十萬元的房子，十年薪資全累積起來，也買不起四十坪的樓房。

近年來，臺北市豪宅如此之多，頂級豪宅又出現，表示臺北有它的市場。購買豪宅的人一定是富有階級，他們有沒有繳納綜合所得百分之四十的稅，值得懷疑，但他們所擁有的豪宅，價值之高，令人咋舌，這也使中產階級的薪資人員不知今夕何夕。

五、儘早防範M型社會的後果

二〇〇八年六月十六日新聞報導，現年二十五歲的日本臨時工，在工廠宣布裁員計畫一週之後，在東京秋葉原街頭持刀襲擊路人，結果七人死亡，另十人受傷。看似是單一事件，但它隱示的是社會危機。因爲這種臨時工成了企業用人的新制度。因爲他們的待遇低，且無保障，這與臺灣所發生的因失業而全家自殺又有何不同？如果自殺變爲殺人，如果一人變成十人或更多人，這個社會將會變成失序的社會。

自古以來，只要發生「朱門酒肉臭、路有餓死骨」現象，當時的王朝就會很快地敗亡。「亡羊補牢，猶未晚矣」，希望執政當局及有識之士重視M型社會發展後可能產生的後果，而早加預防。

表三　臺灣經濟成長率比較

	國內生產毛額(1)	國民所得(2)	差距(3)=(1)-(2)	民間消費支出(4)	差距(5)=(1)-(4)
1992	7.9	6.6	1.3	5.4	2.8
1993	6.9	5.8	1.1	4.6	2.3
1994	7.4	5.5	1.9	5.1	2.3
1995	6.5	4.2	2.3	3.4	3.1
1996	6.3	6.3	0.0	4.0	2.3
1997	6.6	5.5	1.1	4.3	2.3
1998	4.6	4.0	0.6	3.7	0.9
1999	5.8	3.2	2.6	3.4	2.4
2000	5.8	2.1	3.7	2.8	3.0
2001	−2.2	−3.4	1.2	0.4	−2.6
2002	4.6	4.5	0.1	1.6	3.0
2003	3.5	2.4	1.1	0.9	2.6
2004	6.2	3.3	2.9	2.7	3.5
2005	4.1	0.8	3.3	1.6	2.5
2006	4.7	2.3	2.4	0.8	3.9
1992～1999	6.5	5.1	1.4	4.2	2.3
2000～2006	3.8	1.7	2.1	1.5	2.3
1992～2006	5.2	3.5	1.7	2.9	2.3

資料來源：Council for Economic Planning and Development, Taiwan Statistical Data Book, 2007.

5 論臺灣少子化問題

一、問題緣起

臺灣的少子化，其實從一九八〇年代便開始出現了，只是大家沒有注意。例如五歲以下的人口數，在一九八〇年達到最高點，計一千六百二十九千人；之後，便陸續下降，到一九九〇年降爲一千一百一十一千人；二〇〇〇年更降爲八百九十二千人。五至九歲年齡組從一九八五年開始下降，十至十四歲年齡組從一九九〇年開始下降，而且各組人口下降趨勢非常明顯。作爲一個研究臺灣經濟發展的學者，從一九九〇年代即開始注意這個事實了。到民國九十一年，第二十四屆中央研究院院士會議時，以臨時動議「如何維持大學的永續發展」，向院士會議提出，臨時動議中曾指出：近十年來按臺灣人口年齡組，從零歲到二十歲的人口數每年都在減少。目前的情況是：許多幼稚園已關閉，許多小學的教室已空出來，許多國中及高中學校在減班。今後，會直接影響投考大學院校的學生人數。提案的人，除于宗先外，尚有許倬雲、陶晉生、李亦園、金耀基、丁邦新、張灝、杜正勝、劉翠溶、麥朝成和林毓生十位院士，會議主席爲中研院院長李遠哲，他接到提案後，認爲此提案內容與他們的看法有差距，並且說：他們已有兩位院士委員正負責處理此事，故不予討論。我對這件事一直耿耿於懷，認爲李院長對少子化現象的無知。十年後的今天，嚴重的少子化問題才成爲各大報議論的主題。

二、執政當局對少子化問題也是霧裡看花

民國九十九年內政部鑑於少子化問題日趨嚴重，乃效法民國五十年代後期推行「家庭計畫」所喊出的很具說服力的口號：「兩個孩子恰恰好，一個孩子也不嫌少。」要社會大衆也想出一個響亮而有說服力的口號，希望能鼓勵及齡夫妻能增加生育。當時我就寫了一封信給內政部長，說明這種鼓勵方式，難以奏效；同時也附上我同王金利撰寫的「臺灣人口變動與經濟發展」的專書，請部長指教。因爲內政部的思維還是傳統的，可是時代變了，青年人對生兒育女的觀念也變了。

民國一百年一月九日聯合報的新聞爲：「去年新生兒數創下歷史新低，內政部次長簡太郎認爲與民間習俗有密切關聯：前年是所謂的「孤鸞年」，計畫結婚對數相對

較少；去年又逢農曆「虎年」，很多父母會刻意避開在虎年生產。上述「雙重效應」可能是導致去年生育率「慘不忍睹」的重要原因。由此可見執政當局對少子化的了解是有限的。內政部長送給我一本「人口政策白皮書」，我翻閱過後，就是找不到我想知道糾正少子化趨勢的有力措施；不過在九十九年冬，我倒看到了內政部為振興生育率，推出百萬獎金徵得的標語為：「孩子是我們最好的傳家寶」，能否產生如期效果，讓我們拭目以待。

三、對「家庭計畫」功能多少有些誤解

誰能相信一句響亮的口號就會產生：使人口減少，它就會減少；使人口增加，就會增加的功效？當年「兩個孩子恰恰好」不是全無功能，其實臺灣人口自然增加率下降，始自民國四〇年代後期。例如民國四十一年人口自然增加率為百分之三十五．七，到五十九年便降為百分之二十二．三。對於這一事實，家庭計畫的推行確扮演了重要角色，但對其他重要原因也不能忽略。例如產業結構的改變，使「大家庭制度」漸趨式微。年輕人多到城市及工業區工作，進而成立小家庭。因生活負擔重，又無人照顧嬰兒，自然會傾向少生育；同時男女教育機會平等，「父權主義」式微，生兒育女是夫妻兩人的共識，不再是男人的專權。除此，科學進步可使有偶男女自行控制生

育。這些因素導致臺灣生育率降低，如果將此事實全歸那句口號的效果，那是不切實際的想法。

四、少子化產生的根本原因

由於教育普及，一般人受大專教育的人數倍增；尤其女性人數逐年大幅增加。到民國八〇年代，很多大學科系中女生超過男生，而且學業成績也比男生優越。記得臺灣大學八十年校慶時，嘉獎各系績優的畢業生時，六十人中，女生占三分之二，男生只占三分之一。在職場，女生的競爭力並不輸男生。像小學及初中的教員，以女老師占絕大多數；許多鄉鎮公所的服務人員，以女職員占大多數；至於金融機構，在櫃檯服務的，百分之九十是女性職員；在不少民營企業，女性主管所占比例愈來愈多，而且她們的表現並不輸男性主管。她們喜歡享受辦公室的生活方式，在那裡有地位，也受尊重，這與家庭生活相比，在生活感受上，無形中起了微妙的變化，於是男女分權之勢形成。至於養育子女，兩人皆忙於工作，誰也不樂意在家作保母，稍有意見不合，往往訴諸離婚。近十年來，臺灣離婚率之高，令人咋舌。

更重要的理由是長期僱用制的失墜。這種現象不僅已發生在臺灣，也發生在已開發國家的日本、美國。在二十一世紀前，日本的長期僱用制被認爲是鐵飯碗制度，現在已被潮流沖垮了。美國的跨國企業醉心於委外生產，即軟體工作交印度人去做；硬體工作委由中國大陸去執行，各大企業的執行長（CEO）爲了表示業績，最常用的方式是裁員，這種方式對提高績效最有效，而委外生產也是以裁員爲最有力的策略。當工作無保障，而失業率居高不下，一般薪資階級無不爲保住飯碗而拼命工作。

在臺灣，長期僱用制也漸漸被破壞，不是企業一定要如此做，而是激烈的國際競爭，使他們不得不如此。爲了降低生產成本，最方便的途徑：一是到海外投資生產，一是在國內儘量不增加生產成本。爲了達成這個目的，派遣公司、人力銀行便應運而生。由這些機構所介紹的員工都是短期的，他們是按時計酬，自然無法顧及退休金制度的建立。一位青年人大學畢業後，找不到長期僱用的企業，爲了生活，只有遷就現實。在此情況，自己生活不保，遑論結婚生子。

國際化就是競爭化，在競爭環境中，就要服膺「叢林法則」—優勝劣敗。在臺灣，只有軍公教人員還能享受長期僱用制。本來，從事教育工作的人生活最安定。現在教育職場也因少子化愈來愈嚴重而變了。當幼稚園紛紛關閉時，幼教老師就會失業；當小學、初中、高中減班時，老師們也會跟著失業，最後是大學和研究所的教授，在這個潮流下，也不能獨善其身。對一個社會而言，處在這種環境下，要保持長期僱用制是相當的困難。

五、扭轉少子化趨勢的關鍵

人口的變動是緩慢的，除非區域性大戰或惡性傳染病（如黑死病）導致大量人口死亡，通常不會很快改變走向。扭轉少子化問題比處理高齡化問題要困難得多。本來，大家庭制度對增加生育有幫助，但大家庭已被核心家庭取代。核心家庭曾被譽爲最理想的家庭；可是由於離婚率的不斷提高，近二十年以來，出現了不少單親家庭；而單親家庭多以母親爲一家之主。在單親家庭成長的孩子，在人格形成上，多受到不健康的影響，即在單親家庭中成長的孩子對婚姻多有不信任感，甚至恐懼感，自然多不想結婚，即使結了婚，也不想生兒育女，認爲那不僅是經濟上的負擔，也是拋不掉的累贅。

在這種情況下，要想鼓勵及齡男女結婚生子，確實不是件容易的事。事實上，勸人多生子女比勸人不生子女更難。根據內政部現行措施，包括生活扶助、產假工資與生育給付、針對低收入戶的生育補助與生育津貼。至於對「少子化社會之對策」構想，包括健全家庭兒童照顧體系、提供育兒家庭之經濟支援措施、營造友善家庭之職場環境、改善產假及育嬰留職停薪措施、健全生育保健體系及保護體系，以及改善婚姻機會與提倡兒童公共財價值觀。在這些構想中，沒有觸及男女青年不結婚，或結婚不生子女的根本原因。即使上述構想變成政策並加以執行，恐怕效果有限。根本問題是如何重建長期僱用制度，即使過去的長期僱用制度建立不起來，也該規劃出代替方案。

六、結語

解決臺灣少子化問題，要對症下藥；否則，徒勞無功。依我對少子化現象的了解，如前所述，各行業建立長期僱用制，是解決少子化問題有效途徑。問題是：如果各企業認爲低工資是競爭最有力的工具；採行長期僱用制會降低競爭力，使企業難以持續發展，這個問題就會無解。凡長期依賴低工資的企業，遲早會被淘汰。所以爲了持續發展，政府應鼓勵產學密切合作，不斷創新，使企業創新的力量持續發展，而非靠低工資，苟延殘喘。世界各國的工資水準會趨向一致，也許需要三十年或四十年，當世界的工資水準趨向一致時，各企業間競爭的本錢不再是低工資，而是創新。如何啓發創新，政府所能做的，就是維持一個理想的投資環境，及吸引人才和培植人才的有效制度。

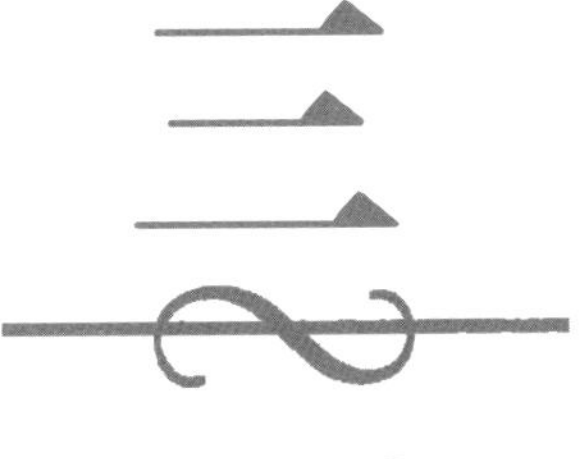

人無遠慮，必有近憂

經濟篇

1 臺灣經濟下沉的根源

從各種經濟指標，從一般社會的景氣，以及從大衆媒體輿論，我們體驗到：臺灣經濟確實在下沉，而且這種下沉的現象是近五十年以來從未經歷過的嚴峻現象。造成臺灣下沉的主要原因有兩：一是過去十年來錯誤政策累積的結果，一是過去一年來，政局動盪不安所造成的現象。當一國經濟下沉時，要想使它躍升，它所需要的反彈力，要非常的大，而且在短期內也很難見效。

臺灣經濟下沉有三大根源：⑴傳統產業失去比較優勢，迄今在增強比較優勢上沒有突破的作爲；⑵高科技產業因美國泡沫經濟破滅而衰退，影響臺灣高科技產業的出口。前者是結構問題，需從調整結構上，採取些必要措施；後者是經濟循環問題，需從循環的觀點糾正過多的不當投資；⑶第三個根源，也是最重要的根源，即臺灣投資環境日趨悲觀，而且已惡化到既留不住傳統產業，而高科技產業也要出走。對於投資環境的惡化，執政當局應負較大的責任，因爲主要是由執政當局錯誤政策所造成的。

一、傳統產業的結構問題

直到一九八〇年前半期，傳統產業之能夠爲臺灣創造經濟奇蹟，所依賴的比較優勢是：廉價的勞力、和諧的勞資關係、勤奮的工作精神、大無畏開拓市場精神，以及政府的正確發展策略。可是到了一九八〇年代下半期，東亞各國以及中南美洲國家因政局穩定下來，都開始發展它們的經濟，因爲它們的工資更低，對外人投資也有各種優惠待遇，在比較之下，臺灣的比較優勢便漸趨下風，而且失去在國際市場上的優越地位，甚至退出國際市場，像玩具業、製傘業、製鞋業、成衣業、農產加工業（如蘆筍罐頭、香菇、香蕉、蔗糖等），均變成夕陽工業，爲其他開發中國家取而代之。

對於這種現象，一般業者只知埋怨工資過高，土地成本太貴，但是從未從產業結構上去求改進。日本、義大利、瑞典的工資比臺灣還貴，爲什麼日本的餅乾充斥臺灣食品市場？義大利名貴的皮鞋及時裝爲臺灣消費者所喜愛？瑞典的高價傢俱成爲市場上的搶手貨？問題在於它們有不斷求新、求變的精神，和適合人性的產品。像造船業，自己既不能設計，又無製造技術，我們一定要造大船，結果訂單不多，連年虧損，成爲艱苦產業。對很多產品而言，世界上已流行少量多樣化，品味人性化，但我們仍沉緬在大規模生產的思維中，時代在變，我們卻在原點上打轉。

要調整傳統產業結構問題絕不是一蹴可幾的事業，而是要經過學習、模仿、自創的過程。自創就需要研發，而我們在研發方面，雖然在國際期刊上也發表了不少理論性的論文，就是不能將其開發成商品，供社會大眾使用，於是很多傳統產業的業主成為逐水草（低工資）而居的遊牧民族（到東南亞及中國大陸去謀生）。在臺灣，絕大部分的中小企業所經營的是傳統產業，由於缺乏資金，它們就揀便宜的去做，多不在研發方面下工夫。沒有研發，這些中小企業都會成為無家可歸的遊牧民族。這是產業結構的根本問題，政府豈能等閒視之？

二、高科技的經濟循環問題

所謂高科技產業也就是在某一階段，那些能創新且有競爭力的產業。如果不能繼續創新，就會失去競爭力，最後會歸爲傳統產業。高科技產業的興起主要是電腦的發展有了更多層次的運用，例如利用電腦所發展出來的遠距教學，網絡在通訊上的應用，與在醫療技術方面的突破，基因的發展與利用，使生物科技更上一層樓，以及手機在溝通雙方的無遠弗屆等。在二十世紀的九〇年代，這些創新不但形成了美國的「新經濟」——高成長率、低失業率和低度物價水準，也使很多開發中國家的生產活動在電腦化、手機化、數位化有了長足的進步。直到二〇〇〇年上半年，很多新興工業化國家還庇蔭於新經濟的光環之下，維持著相當程度的繁榮。

但是天有不測風雲。曾幾何時，代表高科技股價的那斯達克指數竟從二〇〇〇年九月的五千多點跌落到二〇〇一年四月底的一千七百多點，跌幅之大眞是空前。相應地，美國的經濟成長率也開始大幅下滑，對外貿易的成長率也不如前，廠商裁減工作人員之風迭起，失業率不斷提升，這些令人沮喪的現象改變了一般人對新經濟的看法，始悟到高科技產業也逃脫不出經濟循環的窠臼。大家都體驗到傳統產業有經濟循環，卻忽略高科技產業也會受制於這一法則，萬萬沒想到一般社會大衆對高科技產品的需求既不是幾何級數的增加，也不是算術級數的提高。當高科技業者對高科技產業不斷增加投資時，需求者卻無力胃納它們的產品，於是它們的投資成爲過量投資，也可說是盲目投資。

當美國經濟衰退，而日本經濟仍一蹶不振時，臺灣的對外貿易，特別是輸出貿易不但無成長，且大幅度的下降，直接間接影響到高科技產業的生產，於是高科技的股價大幅下滑，而且裁減人員之風迭起。臺灣高科技產業之衰退，可說是受到美國的感染。任何經濟循環都需要一段時間的調整，也許半年，也許一年，半年或一年後，我們如何迎接新的局面？這是値得考慮的問題。

三、投資環境惡化問題

投資環境的惡化，正所謂「冰凍三尺，非一日之寒」，一部分是舊政府留傳下來的，成了新政府的負債，一部分是新政府自己製造的。無論如何，其責任都要由新政府承擔。臺灣投資環境惡化包括硬體建設不足，軟體建設落後，均趕不上環境之所需。在前者，臺灣水電建設是長期性的公共建設。有些人爲了反核，爲了環保，使臺灣的水電供應成爲投資者夢魘。「反核四」所產生的影響可說相當深遠，它使投資者無信心，因爲經立法院通過的一項重大公共建設，竟然因政黨輪替而被停建，對國內造成的損失不僅是數以百億元計的經費泡湯，而且使業者對未來失去信心。更重要的，使外國業者認爲臺灣的政府不可靠，國際間的合約竟然因政黨輪替而毀棄，令人不可思議。它們認爲：如果每四年輪替一次，任何長期性的合約都會失去效力。至於供水問題，南部缺乏乾淨的水源已是事實，而高科技產業的製造過程，既需大量的電，又需大量的淨水，本來美濃水庫修建可解決這供水問題，但因環保人士的抗爭也被放棄。是否有代替方案？迄今未見端倪，這是使業者耽憂的問題。

政府的行政效率也是業者所詬病的地方。任何一個申請案件都需經冗長的程序，在其他國家，在數週之內辦妥的申請案，在臺灣需要數月，尚不一定完成。有很多法規需儘早建立，有關的產業才能運作，也因立法機關的爭爭吵吵，延擱下來。

金融制度是軟體建設中最重要的一環。臺灣的金融制度仍相當脆弱，而且政府一直在操縱金融機制，使它無法獨立運作，更甚者，舊政府，以利益輸送，養了不少大財團，現今它們因經營不善，多處於岌岌可危之境界；舊政府又以「概括承受」的方式，不斷地去救助它們。這種剜肉補瘡的方式，不僅無濟於事，而且是養癰貽患。從高雄、臺中、到臺北，不少具此種性質的大財團，在財務上都有了問題。結果，它們所發行的股票，其價格不斷滑落，市面價値幾乎等於白紙的價錢。近幾年來所採行的股票質押借貸，也因股價暴跌，又危害到銀行業。近一年來，銀行業逾期放款比率屢次升高，由去年六月的百分之四升高到今年六月的百分之六以上。有的銀行之逾期放款比率已高達百分之二十，這種銀行隨時會發生倒閉現象。新政府上臺之後，對金融制度不但未作任何改善，而是蕭規曹隨，致形成金融上的「道德危機」，尚不自覺。

近一年來，股市低迷不振，雖然與傳統產業之困厄、高科技產業的衰退密切相關，但與社會大衆的預期心理也息息相關，那就是兩岸關係的時鬆時緊及政局不穩所造成的恐懼心理。兩岸關係不改善，這個定時炸彈對股市仍會產生致命的影響。臺灣各種選舉頻繁，那些爲了勝選，野心之徒不斷製造族群矛盾。這種作爲無異如在風雨中飄搖的孤舟上鑿洞，這些都是政局不穩的潛在因素。由於這些因素的相激相盪，儘管新臺幣無貶值的條件（如外匯存底逾千億美元，半年出超高達六十多億美元，同時通貨膨脹率也較美國爲低），但也影響到匯市，使新臺幣大幅貶值，一年之內貶值了百分之八．六，而貶值的結果並未使輸出增加，例如近兩個月輸出反而呈兩位數字下降。對於這些現象執政當局並非全然不知，而是認爲「責不在我」。即使在一年之內加開了多次的全國性財經會議，花費了不少人力和財力，仍拿不出有效的辦法，使下沉的臺灣經濟停止下沉而上升。

基於這些考慮，我們認爲傳統產業所存在的結構問題，雖非短期內即可解決，但應馬上採取行動，使其競爭力提升；高科技產業的衰退局面會在一年之內過去，我們也要準備應付未來可能的變局；至於投資環境的惡化，掌握公權力的執政當局應負最大的責任，而且無可旁貸。目前，我們所憂慮的，不是短期的衰退與蕭條，而是長期的下沉與不安。深望執政當局以大局爲重，以人民利益爲先，要馬上採取行動，臺灣才有希望。

2 誰主導海外投資的方向

一、緣起

海外投資並不是二十世紀後期才有的事，遠在工業革命成功後，西歐國家就到海外投資，那時的海外投資是以船堅炮利作後盾。臺灣之海外投資也不是始自一九八〇年代，其實在一九七六年代，就有臺商到越南、巴西投資設廠。不過，曇花一現，不是因適應環境不良，就是因戰亂而中止。在國際上，經濟已發達的國家，在一九六〇年代，便從事海外投資了。臺灣的海外投資一直到一九八〇年代中期，才逐漸形成氣候。臺灣是開發國家中最早用加工出口區的設置吸引外人投資。之後，不少開發中國家競相效尤。大陸的經濟特區之設立是在一九八〇年代，其目的也是爲了吸引外來投資。到了一九九〇年代，海外投資已成爲國際經濟學中重要的一章。而且，對海外投資的看法也漸趨一致，譴責海外投資爲「資金外逃」的聲音也很少聽見。

當經濟自由化、國際化的觀念在世界各地流行時，海外投資便成了風尚。本來，在一般人的認識中，只有已開發國家才有資格到世界各地去投資，可是，近年來，不少新興工業化國家也到世界各地去尋找機會。這表示海外投資的目的是多元化的。這與二十世紀初期及以前的年代，一般工業化國家到海外投資的目的，顯然大不相同。

二、海外投資的原因

惟在商品貿易可自由交流，而資金可自由移轉的情況下，海外投資才有可能。換言之，凡能到海外投資的國家與歡迎外人來投資的國家，都會滿足這兩個條件。至於海外投資的原因，有很多種，這完全視一個企業的發展目的而定。

㈠為了利用當地的廉價勞工

很多國家的海外投資，著眼於廉價勞工者相當的多。尤其是勞力密集產業，廉價勞工就具有比較優勢。這就是何以很多企業選擇去開發中國家投資設廠，因為那裡的勞工比較便宜，對提高競爭力很有幫助。

㈡為了掌握當地的自然資源

像木材、煤炭、鐵苗、石油等礦產是製造業所需要的素材，海外投資的目的，就是希望能掌握自然資源的穩定供給。例如一九七〇年代到印尼設廠生產木材，既可節省成本，也可穩定供給來源，對生產是有利的。

㈢為了掌握當地具潛力的市場

通常發生在擁有具潛力市場的國家。海外投資可達到就地生產，就地銷售的目的。它既可掌握時間，又可降低成本，也就是可享受「近水樓臺」之利。如近年來，許多國家的企業主願意到中國大陸投資設廠，就是爲了這個目的。

㈣為利用迂迴戰術達到出口的目的

例如中美洲的國家接近美國市場，而且可享受到低關稅或零關稅的優惠，就可使商品得此優惠到美國市場銷售。凡無機會享受到這種優惠的其他國家的企業，如在這些享受優惠的國家，投資設廠，也有機會將產品運銷到美國市場。

㈤為達成化零為整的出口策略

有些產品出口到美國，如汽車，往往受到美國的抵制；如果將汽車以零件出口到美國，多不會受到注意；在美國投資設廠主要是爲了將這些零件裝配成汽車後就地出售。

㈥為引進先進國家的科技

智慧財產權已受到嚴格的保護，引進智慧財產權相當困難。爲了很順利地引進高科技，通常是到先進國家，併購其高科技的工廠，然後以所有者的身分，將技術引進。或者在先進國家投資設廠，招攬具經驗的科技人才，進行生產，也會將高科技引進。

㈦為了達成外交目的

像今日臺灣的處境，外交與國愈來愈少，在國際舞臺上多不起作用。爲了拉攏更多友我的開發中國家，臺灣的執政當局往往利用投資設廠作爲建立外交關係或在聯合國大會爲我政府發聲的交換條件。

㈧因購併外國企業，而成為海外投資者

近年來，盛行跨國併購，一旦併購成功，就成爲海外投資的一部分，藉由這一部分，可以達到引進技術，或取得品牌的目的。

除以上八種原因外，也許還有其他原因，這完全看企業主的意願與能力。

三、誰主導臺灣海外投資的方向

在一個以市場經濟爲主體的社會，這個答案很容易找到。很不幸，有不少開發中國家，甚至新興工業化國家的政府喜歡主導海外投資的方向，甚至將它同外交關係一併考慮。從政府的立場，爲了國家利益，他們認爲本身有能力能爲企業選擇投資方向。但是從企業主的立場，他們認爲惟自己對產業發展有較清楚的了解，尤其對自己所經營的行業，非一般政府官員所能了解。同時，任何一項投資都有風險；一旦投資錯誤，就會血本無歸，甚至負債累累。因此，對任何新的投資必須謹愼從事。事實上，企業主最接近市場，也最了解行情；即使如此，他們對每項投資的決定都十分謹愼。但是政府官員並不接近市場，也不了解瞬息萬變的行情，由他們決定投資方向，完全是越俎代庖的行爲。政府官員所考慮的是：他們是國家利益的守護神，站在國家立場，對自己的作爲，認爲是正當的。問題是：任何投資都是冒風險的行爲，如果依照政府的指示而投資失敗，政府是否爲其負賠償的責任？這是個值得爭論的問題。

四、南向政策 VS. 西進行動

也許執政當局並不理解市場經濟的特質，或者不理解當前的世界潮流，總想將威權時代的思維應用到今天的事務；也許執政當局太愛護臺灣的企業，唯恐它們投資方向錯誤，乃充當導師的角色。於是便在一九九〇年代的中期，提出南向政策。希望企業主到海外投資，應當到菲律賓、印尼、馬來西亞、泰國等國家。由於在這個地區所遭遇的困難和風險也很多，政府的南向政策便等同廢紙。特別像印尼、菲律賓，由於政變經常發生，社會治安惡化，凡華人經營的事業多成為被掠奪的對象。在財產性命不保的情況，企業主對這個地區的投資多躊躇不前，即使政府再三鼓勵，他們也無動於衷。

企業主的看法則是：那裡有商機，就會到那裡去。當他們在一九九〇年前後，赴大陸投石問路時，多抱著懷疑與恐懼的心情。他們認為大陸在中共統治之下，隨時都會有特務跟蹤，而大陸人民生活苦，購買力低，不會有商機。不過，畢竟大陸太大，各地區發展程度不一，值得嘗試。當他們在大陸經營一段時間後，原所顧慮多不存在，而且語言、文化又可完全溝通。於是不少臺商紛紛赴大陸投資，甚至在東南亞設廠的臺商也移師大陸，而且為了避免引起政府注意都低調處理。

政府深怕資金西流，造成臺灣產業空洞化，或資金為「敵」所用，造成「養虎貽患」的後果，於是除勸臺商「戒急用忍」外，對西進的資本要經批准。臺商並不笨，他們或在港澳，或到威京群島設子公司，以達成投資大陸的目的，執政當局總認為投資大陸是壯大敵人，對臺灣不利。但是他們卻忽略了，在過去二十年的兩岸貿易中，臺灣從大陸賺了三千億美元的外匯，而臺商到大陸的投資金額，根據經濟部的統計，爲四百多億美元，如果加上未在統計內的，最多不過一千億美元。相較之下，臺灣還是賺到了。

五、東進政策 VS. 西進行動

執政當局多非眞正的經濟學者，他們不懂得市場經濟的眞諦，自然也不懂什麼是經濟自由化和國際化，他們只懂得政府的那隻看得見的手可爲所欲爲。南向政策等於無疾而終，他們又改採東向政策。此處所指的東向不是指美國，而是指中美洲那些貧窮而較落後的國家，希望搞外交能結合對外投資。也就是說，爲了鞏固外交關係或爲了結交新的外交與國，鼓勵臺商到這些國家投資作交換條件，而這些國家所看到的是近利，只要海峽對岸對他們施以較多的小惠，它們便會棄我而他就，臺商的地位也就不保，因爲他們認爲臺商是外交的附屬。如果這些國家發生政變時，臺商經營的企業往往成爲被劫掠的對象。二〇〇四年因海地政變，致血本無歸的臺商，就是最好的見證。

至於臺商是否就相信「元首外交」所規劃的美麗藍圖？這有待事實證明。況且自二十一世紀以來，中國大陸經濟的優越表現，已成爲吸引外人投資最有力的因素。如果臺商不去，其他國家的企業會去。當他們利用大陸的低廉資源，生產出具競爭力的產品，且輸出到歐美國家的市場時，臺灣商品的利基在那裡？當大陸提供具潛力的國內市場時，其他國家也會競相爭取，臺商能視而不見，讓產品成爲滯銷的庫存？儘管政府執行「有效管理」的政策，其所產生的實質效果也十分有效，反而會產生愛之適足以害之的後果。例如，有些企業主本可將退役的晶圓廠移到大陸去，還有三、五年的剩餘價值，卻因「有效管理」，使它在臺灣變成無利用價值的廢鐵。

六、結語

走筆至此，可以肯定的回答：誰主導海外投資方向這個問題。在計畫經濟社會，無疑是政府主導一切，不允許非國有企業存在；可是，在市場經濟社會，主導海外投資方向的，自然是企業主本身。我們的執政當局，不管是二〇〇〇年以前的國民黨和二〇〇〇年以來的民進黨，都將自己的角色搞混了。由此可知，改變一個人的傳統觀念是如何的不易！而改變一位執政者的觀念更加不易！

3 朝野對經濟現象的認知差距

一、認知的涵義

所謂「認知」是指對一種現象所作的詮釋，而詮釋不同是一種難免的現象。對於一種現象的認知，首先需要了解這種現象所呈現的資料是否眞實反映它的本質。如果這種資訊不完整，或有偏差，很容易扭曲人們對這種現象的看法。同時也需要觀察者的立場，是否有政治或信仰上的偏向；如果存在的話，對其解釋也會有偏差。近年來，我們發現對很多經濟現象，政府與民間之間的認知有很大的落差。站在政府的立場，爲表現政績的優良，通常要粉飾一下，以便取信於民，贏得他們的支持；站在民間的立場，因爲總體與個體的不同，也難免有以偏概全的毛病。政府所表達的屬於概括性的總體現象，而民間所反映的，則屬於局部性的個人的感受。如果政府的認知與民間的感受，在短期內由於資訊不對稱而有差距，其問題並不嚴重；如果在較長期間，相關資訊較平衡，兩者差距仍繼續存在，甚至加大，則問題就相當嚴重了。執政當局必須正視這種認知差距的加大。

二、六種認知的差距

在這裡，我要舉出六個現象：即㈠對當前生活感受的認知差距；㈡對投資環境的認知差距；㈢對失業嚴重性的認知差距；㈣對大陸臺商的認知差距；㈤對大陸經濟的認知差距，以及㈥對社會治安的認知差距。

㈠對當前生活感受的認知差距

從國內生產毛額成長率上觀察，過去十年（一九九六至二〇〇五）平均成長率爲百分之四．四四，對於這個統計數字與西歐國家相比並不算低，同美國相較也不差。當政者常利用這個統計數字告訴人民，臺灣不但沒有變窮，而且愈來愈富。可是，爲什麼一般人民感到生活一天不如一天？十年以前，資深教授的月薪約十萬元，十年過後的今天，他們的月薪並沒有超出十萬元多少；一位具博士學位的助理教授，十年前月薪爲六萬四千元，今天仍然是這個數目。至於一般軍公教人員的待遇在過去並沒有調高多少；可是消費者物價指數，二〇〇五年較一九九六年上漲了百分之七．七。換言之，這些族群的實質所得不但未增加，反而減少了很多。

一般人民對統計數字無具體印象，對自己生活則有感受，今天是否比昨天好？明天是否會比今天好？這是他們最感興趣的。他們對每月賺多少，支出多少的感受則敏感。近十年來，有幾種族群的所得的確是縮水了，一般軍人、公務員、大學教授、中小學教員、計程車司機、股票族、農民、攤販、低層勞工等。他們的所得是今不如昔，他們的日常支出卻不斷增加，兒女學費、補習費、保險費、醫藥費、交通費，無不增加了很多。有的官員說，在臺北市，六、七十萬一坪的華廈，推出後不久便銷售一空；但是二、三十萬一坪的民宅仍是滯銷的。能夠買六、七十萬一坪的華廈，在臺灣，也不過數萬戶，他們是電子新貴，他們是臺商，他們是高科技企業的董事長，或總經理，他們受獎勵，不必付多的稅，故有雄厚的財力去滿足自己的慾望。

㈡對投資環境的認知差距

爲什麼臺灣投資環境不能吸引外人投資？根據一般人的了解，臺灣投資環境，無論硬體面或軟體面，與其他開發中國家相比並不落後，爲什麼，近年來，沒有外國人或華僑前來投資？在這方面，政府與民間的認知有很大的差距，政府認爲：招商引資的努力不夠，故應到海外招商引資；其效果呢？並不理想，因爲臺灣的政局不穩，而兩岸局勢更令人捉摸不透。兩岸情勢不穩主要是因爲執政當局一心要「公投、制憲、建國」，當這種理念見諸行動時，必然招致對岸的堅決反對。爲了領土完整，對岸絕不容忍臺灣從中國大陸獨立出去。一般外商了解到這種風險，且認爲：一旦兩岸發生危機，臺灣必成一個難以避免的戰場，故外商不敢前來投資。同時由於資金匯往大陸受到嚴格限制，這對企業的發展十分不利。況且兩岸不能三通，在成本上會造成很大的負擔，於是外商對來臺投資不感興趣：即使連臺灣的業者，爲了發展，也不願投資本土。他們會想辦法，迂迴地完成對大陸地區的投資。

㈢對失業嚴重性的認知差距

臺灣的失業率，自二〇〇一年達到百分之五以上，即使下降了些，仍維持在百分之四上下。百分之四的失業率，在一般已開發國家並不算高，但在臺灣則是相當的高，而是相當的嚴重。政府官員常拿外國作例子，認爲百分之四不是高失業率。

在歐美先進國家，失業率比百分之四要高得多，但未聞全家因失業自殺之案例。近三、四年來，臺灣自殺率相當的高，而且多以失業日久，無以爲生，乃舉家燒炭自殺，以解脫飢餓之痛苦。歐美國家有失業救濟，只要失業，便去有關機構登記，即可獲得救助，絕不會有三餐不繼的現象。在臺灣，尚無完備的失業救助制度。有些青年人失業，即由其自己的父母協助，暫時不會成爲失業人口；如果失業爲時較久，當告貸無門時，便考慮到自殺一途。他們又害怕自己死後，子女教養會成問題，仍一起走上自絕之路。自殺的人多爲中年人，他們看不到明天在何方；至於年輕人，他們要用搶奪、打劫、詐欺方式來自救。像這種現象，在十年以前，很少見，可是現在，卻屢見不鮮。

㈣對大陸臺商的認知差距

根據政府的認知，臺商在大陸大半生活不佳，投資失利，常遭人欺騙，而且成功的例子不多，其所以有此認知，表示政府對臺商了解不夠。企業家到任何地方投資都會有風險，有人失敗，有人成功，這是很自然的現象。臺商在大陸是否如政府所理解的那樣悲慘？臺商回臺灣之不反映實情，是造成認知差距的一個重要原因。

臺商爲何不反映實情？自有他們的苦衷在。如果臺商反映實情能獲得什麼後果呢？是否能光宗耀祖，增加自己的身價？其實不然，如果臺商回臺告訴他們的親友，在大陸做生意很賺錢，而且分店不斷在大城市設立。它可能產生兩種對他們不利的反應：⑴如果政府知道了他們在大陸很賺錢，稅捐機關一定認爲：逮到了一條大魚，會去查詢這位賺錢的臺商是否繳納了應納的稅？一般商人都怕查稅，如果因此而招來麻煩，豈不是得不償失？因此。返臺後，絕不會透露在大陸生意興隆的事。⑵如果臺灣同行的人知道了，在大陸某地投資經商很賺錢，他們也會躍躍欲試，前去投資，分一杯羹。如此一來，這位臺商引來競爭者，分享他的市場。這於己不利，何必自惹麻煩。這就是臺商不願將在大陸投資經商的眞相告訴臺灣的朋友。

㈤對大陸經濟的認知差距

「知己知彼」本是致勝敵人的先決條件，儘管不少人到大陸旅遊、觀光；儘管大陸與臺灣僅一水之隔，政府對大陸經濟的認知與現實有相當大的差距。政府所相信的是：大陸行將崩潰，貧富差距過大，失業（下崗）現象嚴重，而自殺率爲世界之最。而且認爲大陸統計數字都灌了太多的水，不可相信。十五年以前，大陸的經濟情勢，大體是如此，不然，怎會發生「六四事件」？

可是十五年之後的今天，大陸經濟發展之快，爲開發中國家之冠；大陸基礎建設之快，也令人另眼看待；大陸外匯資產累積之多，已超過日本；大陸經濟結構演變之快，也令人嘆爲觀止，故西方的觀察者認爲：大陸不僅是世界製造業的大工廠，而且其國內市場潛力之大，爲世界之冠。這就是何以韓國、日本、美國及西歐各國，將製造業移到中國大陸的主要原因。我們的政府漠視這個現實，乃有不切實際的「南向政策」及「東向政策」。近年來，大陸的情況：無論社會安全程度、政局穩定程度、硬體建設齊備程度，以及軟體建設進步程度，均成了吸引外來投資的本錢。對於企業家而言，政府的選擇已不符合民間的需要。硬要執行「南向政策」，民間企業也會有他們自己的「對策」。

㈥對社會治安的認知差距

臺灣社會治安如何？從政府的觀點，臺灣社會治安比鄰國為佳，但生活在臺灣的人民卻有不同的認知，今日臺灣的社會治安不如十年前，更不如二十年前。民國九十五年二月十五日，張平吾教授（中央警察大學）有篇短文：根據最新的警政統計，去年（九十四年）一整年總共發生五十五萬六千餘件刑案，為臺灣有史以來最高的刑案紀錄，較九十三年增加三萬餘件；換句話說，不到一分鐘便發生一件刑案，這還不包括所謂的「犯罪黑數」（吃案件數）。

每天打開電視或報紙，便會有很多、很大的篇幅報導搶劫、強暴、詐騙、殺人、自殘、全家燒炭自殺、家暴（兒童受虐）等情事發生，令人怵目驚心。在一般城鎮，夜晚婦女不敢上街，兒童上學要大人接送。這些現象使臺灣的生活環境不適宜居住，有錢的人移民國外，更諷刺的，也有不少人選擇大陸定居；無錢的人只有忍受不良的社會環境。對於這些社會現象，政府似乎無動於衷，既無力改善，也不想改善，讓整個社會變成黑道逐鹿的境地。

三、結語

以上所指出的是政府與民間對六種現象認知的不同。在古代帝王時代，尚有「民之所好，好之；民之所惡，惡之。」的民本觀念。現在是民主政治盛行時代，政府與民間對這些關係民主的六大問題之認知竟有如此大的差距，是民間的無知，還是政府的愚昧？是民間的過敏，還是政府的痲木？不過，值得重視的，如果朝野認知差距得不到縫合的機會，它會產生下列三種現象：⑴全國人民難以有和衷共濟，同赴國難的精神；⑵對於政府所推動的任何政策措施，民間會以各種對策因應；⑶人民會以選票拋棄執政黨所推出的各種候選人。在這些情況下，當政府得不到人民的擁護時，執政黨的存在就有了問題。

4 臺灣經濟是在提升，抑是在下沉

一、問題緣起

近年來，很多人認為臺灣經濟是在下沉，主要是基於他們的感受所得到的印象。單從東亞四小龍來說，在一九九〇年代，臺灣是東亞四小龍（臺灣、韓國、香港和新加坡）之首，現在已變為東亞四小龍之尾；再從個人收入來說，近十年以來，軍公教人員的名目所得並未增加，剔除物價因素，則是降低的。尤其近年來的社會現象，所呈現的貪婪、搶劫、詐欺、燒炭自焚，甚至全家自殺案件層出不窮，社會治安惡化日趨嚴重，這似乎與經濟不景氣、法治廢弛有某些關聯。可是，政府官員及其支持者卻認為臺灣經濟仍是一片好景，像臺北的高樓大廈價值七、八十萬元一坪者，購者趨之若鶩。而且失業率比西歐先進國家還低，何來臺灣經濟下沉之說？至於臺灣政局阢隉不安，他們辯說，乃是因為反對黨對政策杯葛的結果。在公說公有理，而婆說婆有理的情況，到底臺灣經濟眞相如何？值得作一釐清，讓更多的人了解臺灣所處的經濟環境，俾作因應。

首先要強調的，所謂一國經濟之下沉，並不是指一國經濟成長率降爲負值，而經濟向上提升，也不是意味經濟保持高速成長，而是一種比較的觀念，即現在的臺灣經濟同過去的臺灣經濟作比較，或現在的臺灣經濟在東亞四小龍中的地位與過去的地位相比較，是否提高或下降。因此，在本文中，除問題緣起外，將說明近年來臺灣經濟的消長情況，指出臺灣經濟下沉的徵象，檢討臺灣經濟下沉的原因，最後指出：臺灣經濟的明天是什麼現象作爲結語。

二、近十年來臺灣經濟的消長情況

我們從兩種角度作比較，一爲臺灣經濟本身的比較；一爲臺灣在東亞地位的比較。

㈠臺灣經濟本身的比較

我們將從兩個面相作觀察，即支出面和生產面，先就支出面而言，在一九九六至二〇〇〇年期間，國內生產毛額（GDP）平均年成長率爲百分之五・七五，到二〇〇一至二〇〇五年期間其平均年成長率爲百分之三・一三，顯然降低了很多。在前五年有東亞金融風暴（一九九七至一九九八），在後五年則有世界經濟不景氣（二〇〇一），兩者對臺灣經濟成長均有相當大的影響。前者受影響的，主要爲金融產業，後者受影響的，主要爲電子通訊業，而後者的影響幅度較大。在構成GDP中，消費支出和固定資本形成爲影響經濟成長的兩大主力。在同期間消費支出平均成長率由百分之七・六二降爲百分之二・六七；而固定資本形成則由百分之六・七一降爲百分之〇・七〇，兩者降幅均相當的大，其對經濟成長之影響不言可喻。幸而出口尚能保持在百分之六以上的成長率，使GDP不致降爲低度成長。

在最近五年（二〇〇一至二〇〇五）也就是民進黨執政的時間，消費支出成長率之大幅下降主要因爲每人國民所得成長太慢，由前五年（一九九六至二〇〇〇）的百分之二・〇四降爲近五年（二〇〇一至二〇〇五）的百分之一・一九。究其原因，近五年的年息曾降至百分之一・四五左右，而股市又低迷不振。股市低迷不振主要由於國內投資惡化，所謂「公投─制憲─獨立」的主張已成爲一般投資者揮之不去的夢魘。同時，兩岸政治關係因意識型態之作祟，在人心中，成爲風雨飄搖的局面。同時在以上兩個時期，消費者物價變動率由前五年的平均變動率百分之一・四二降爲後五年的百分之〇・六九，而如此低的物價水準顯示臺灣經濟曾陷入通貨緊縮的局面。由

表四　國民經濟變動率

單位：%

年	國內生產毛額成長率（200年價格）（%）	每人國民所得成長率（US$）	消費者物價變動率（%）	失業率（%）	固定資本形成成長率（%）	民間消費支出（%）	出口
1996	6.10	−2.11	3.08	2.60	1.80	10.18	3.8
1997	6.59	2.33	0.89	2.72	10.85	8.52	5.3
1998	4.55	−9.33	1.69	2.69	8.94	7.75	−9.3
1999	5.75	6.96	0.17	2.92	2.94	5.89	9.9
2000	5.77	6.22	1.26	2.99	9.02	5.74	22.8
2001	−2.17	−10.68	−0.01	4.57	−19.91	0.69	−16.9
2002	4.25	0.75	−0.20	5.17	−0.63	2.05	7.1
2003	3.43	1.63	−0.28	4.99	−0.90	0.62	11.3
2004	6.07	8.50	1.62	4.44	17.48	5.18	21.1
2005	4.09	5.73	2.30	4.13	0.46	4.81	8.8
平均							
1996-2000	5.75	0.81	1.42		6.71	7.62	6.5
2001-2005	3.13	1.19	0.69		0.70	2.67	6.3
1996-2005	4.44	1.00	1.06		3.71	5.15	6.4

資料來源：行政院經建會，Taiwan Statistical Data Book, 2004-2006。

於經濟成長率之下降，失業率在二〇〇一至二〇〇五年期間一直維持在百分之五．一七至四．一三水準，而如此高的失業率是臺灣自一九六〇年以來罕見的現象。由支出面觀察，最近五年的經濟成長率比前五年確實在下降中，而且尚無向上提升的跡象。

再從生產面來觀察，即國內生產包括農業、工業和服務務。在前期（一九九六至二〇〇〇），農業生產平均成長率爲百分之負〇．九六，在後期（二〇〇一至二〇〇五）爲百分之負一．〇九，表示後期的成長不及前期；在過去十年，其平均成長率爲百分之負一．〇三。農業生產衰退受天然災害的影響很大，養殖業外移，致養殖業不振，畜牧業受國際流行病之影響也很難振作。至於工業，過去十年平均成長率爲百分之三．八三，在前期工業平均成長率爲百分之四．四四，而後期降爲百分之三．二一，表示後期成長不及前期，二〇〇一年世界電子通訊業不景氣是原因之一。再就服務業而言，過去十年平均成長率爲百分之四．九三，在前期，其成長率高達百分之六．六三，在後期則降爲百分之三．二三。當臺灣工業由傳統工業提升爲高科技工業所釋出的勞力，多成爲失業後備隊，政府卻未能適時大力推動觀光業發展，創造就業機會，是一大失策。

表五　臺灣產業變動率（按2001年價格計算）

單位：%

年	農業	工業	製造業	服務業
1996	−0.48	3.06	4.53	8.06
1997	−1.94	5.36	5.75	7.45
1998	−6.32	2.62	3.15	5.75
1999	2.73	5.38	7.36	5.99
2000	1.21	5.77	7.33	5.89
2001	−1.95	−7.51	−7.44	0.08
2002	4.74	5.88	7.38	3.59
2003	−0.06	3.77	5.15	3.39
2004	−4.09	8.68	9.45	5.28
2005	−4.10	5.24	5.76	3.80
平均				
1996-2000	−0.96	4.44	5.62	6.63
2001-2005	−1.09	3.21	4.06	3.23
1996-2005	−1.03	3.83	4.84	4.93

資料來源：行政院經建會，Taiwan Statistical Data Book, 2004-2006。

㈡臺灣在東亞經濟地位的比較

自一九六〇年以來，東亞經濟表現最好的國家爲東亞四小龍；自一九八〇年以來，東亞四小虎（泰國、印尼、馬來西亞和菲律賓）崛起，然其崛起之力道尚不及四小龍。茲就四小龍的經濟表現作比較，試觀臺灣經濟表現是領先抑落後。

先就經濟成長率而言，在前期（一九九六至二〇〇〇），臺灣經濟成長率平均爲百分之五．

七五，爲四小龍之首，其餘依次爲新加坡（百分之五．○二）、韓國（百分之四．五六）和香港（百分之三．五八）；在後期（二○○一至二○○五），韓國經濟成長率平均爲百分之四．五○，爲四小龍之首，其餘依次爲香港（百分之四．一九）、新加坡（百分之三．九九），而臺灣（百分之三．一三）殿後。由此可見，韓國在經濟成長率上已超過臺灣，而爲四小龍之首。再就每人GDP（用美元表示）而言，在二○○○年，韓國（一萬零九百美元）遠低於臺灣（一萬四千五百美元），可是到二○○五年，前者爲一萬六千三百美元，已超過臺灣的一萬五千三百美元；至於香港和新加坡，在二○○○年以前，即已超過臺灣。失業率方面，在二○○○年以前的三年韓國超過臺灣；之後，便低於臺灣。以二○○五年而言，臺灣失業率爲百分之四．一，韓國爲百分之三．八。韓國在降低失業方面較臺灣具功效。再就消費者物價指數的變動而言，自一九九七年以來，臺灣即遭受通貨緊縮之苦，除二○○五年，消費者物價指數上漲百分之二．三外，其餘各年，均介於百分之一．六九與百分之○．二八之間，而且有二年（二○○二至二○○三）均爲負值，表示通貨緊縮之嚴重程度。通貨緊縮既不利於就業的增加，也不利於所得水準的提升，相對的，韓國的通貨膨脹屬於溫性程度，而且在過去十年，尚無通貨緊縮現象，至於香港與新加坡，在過去七年（一九九九至二○○五），均有通貨緊縮現象。對經濟成長與就業而言，溫性通膨較

緊縮為有利。（見表六）

三、臺灣經濟下沉的徵象

從臺灣經濟成長的數字上，過去十年，年平均成長率仍高達百分之四．四四，而近五年來也高達百分之三．一三。雖然經濟成長不夠亮麗，但比許多西歐先進國家的經濟成長為高。同時近五年臺灣平均失業率百分之四．六六，也比西歐先進國家為低。在此情況下，仍說臺灣經濟下沉，豈不是在「唱衰臺灣」？

正如前面所述，所謂經濟下沉或上升，是從比較觀點，即現在同過去比較；以及在東亞四小龍中，臺灣經濟地位現在同過去的比較。除此，我們也從臺灣社會經濟現象作比較觀察：㈠貧富差距增大；㈡社會大眾普遍變窮；㈢失業率居高難下，以及㈣股市低迷不振。

㈠貧富差距增大

按五分位倍數觀察（即一國內最富有的百分之二十為最貧窮的百分之二十家庭所得之倍數），一九九五至一九九九年期間，臺灣的五分位倍數介於五．三四倍與五．五一倍之間；到二〇〇〇至二〇〇四年期間，則介於五．五五倍與六．三九倍之間，

表六　臺灣經濟在東亞地位之變化

年	經濟成長率				每人GDP（US$1,000）			
	臺灣	韓國	香港	新加坡	臺灣	韓國	香港	新加坡
1996	6.10	7.0	4.3	8.2	13.1	12.2	24.3	25.1
1997	6.59	4.7	5.1	8.3	13.9	11.2	27.2	25.3
1998	4.55	−6.9	−5.5	−1.4	12.7	7.5	25.5	21.0
1999	5.75	9.5	4.0	7.2	13.6	9.5	24.7	20.9
2000	5.77	8.5	10.0	10.0	14.5	10.9	25.3	23.1
2001	−2.17	3.8	0.6	−2.3	13.1	10.2	24.8	20.7
2002	4.25	7.0	1.8	4.0	13.2	11.5	24.1	21.2
2003	3.43	3.1	3.2	2.9	13.3	12.7	23.3	22.2
2004	6.07	4.6	8.6	8.7	14.3	14.1	24.1	25.4
2005	4.09	4.0	7.3	6.4	15.3	16.3	25.6	26.8
平均								
1996-2000	5.75	4.56	3.58	5.02				
2001-2005	3.13	4.50	4.19	3.99				
1996-2005	4.44	4.53	3.89	4.51				

表七　四小龍失業率與物價

年	失業率				消費者物價指數變動率			
	臺灣	韓國	香港	新加坡	臺灣	韓國	香港	新加坡
1996	2.6	2.0	2.8	2.0	3.1	5.0	6.4	1.4
1997	2.7	2.6	2.2	1.4	0.9	4.4	5.8	2.0
1998	2.7	7.0	4.7	2.5	1.7	7.5	2.9	−0.3
1999	2.9	6.4	6.2	2.8	0.2	0.8	−4.0	0.0
2000	3.0	4.2	4.9	2.6	1.3	2.3	−3.7	1.4
2001	4.6	4.0	5.1	2.6	0.0	4.1	−1.6	1.0
2002	5.2	3.3	7.3	3.6	−0.2	2.7	−3.1	−0.4
2003	5.0	3.6	7.9	4.0	−0.3	3.6	−2.5	0.3
2004	4.4	3.7	6.8	3.4	1.6	3.6	−0.4	1.7
2005	4.1	3.8*	5.6	3.1	2.3	2.7	1.1	0.5
平均								
1996-2000					1.44	4.00	1.48	0.90
2001-2005					0.68	3.34	−1.30	0.62
1996-2005					1.06	3.67	0.09	0.76

*2005年韓國失業率為三季平均

資料來源：行政院主計處：中華民國臺灣地區國民經濟動向統計季報，109-112期。

顯示後五年的貧富差距較前五年為大。再看看第五分位家庭所得占總所得的比重也從一九九五年的百分之三八．九九增到二〇〇一年的百分之四一．一一，然後稍降為二〇〇四年的百分之四〇．二一，相對而言，最低分位和第二分位所占比重卻一直在下降之中。

(二)社會大眾普遍變窮

近年來，除少數科技新貴外，一般社會大眾普遍變窮，而且中產階層大量縮水，社會上形成兩極化現象——即貧與富。此可由行政院主計處的家庭收入調查結果見端倪。

從臺灣家庭所得來源成長率來觀察，家庭所得總額在一九九五至二〇〇四年平均成長率為百分之一．七四，若分兩期觀察，在前期（一九九五至一九九九），平均成長率為百分之三．六九，到後期（二〇〇〇至二〇〇四）則為百分之負〇．二二；受僱人員報酬，在此觀察期間平均成長率為百分之一．二〇，在前期平均成長率為百分之二．五八，在後期為百分之負〇．一九；產業主所得，在全期平均成長率為百分之〇．〇四，在前期為百分之一．〇三，在後期為百分之負〇．九六；財產所得在全期平均成長率為百分之一．九〇，在前期為百分之四．五六，在後期為百分之負〇．

表八　臺灣家庭所得來源成長率

單位：%

年	五分位倍數	家庭所得總額	受僱人員報酬	產業主所得	財產所得	移轉所得
1995	5.34	8.44	3.11	6.64	6.94	52.17
1996	5.38	2.13	1.58	2.22	5.61	0.17
1997	5.41	4.41	5.24	1.46	5.50	3.54
1998	5.51	1.73	2.03	−5.44	4.84	6.81
1999	5.50	1.75	0.94	0.25	−0.07	9.94
2000	5.55	0.31	0.60	−2.86	1.91	0.99
2001	6.39	−2.71	−4.69	1.04	3.75	2.59
2002	6.16	0.28	0.42	0.34	−7.18	8.33
2003	6.07	0.06	1.75	−3.48	−3.42	1.13
2004	6.03	0.97	0.97	0.15	1.16	2.30
平均						
1995-1999		3.69	2.58	1.03	4.56	14.53
2000-2004		−0.22	−0.19	−0.96	−0.76	3.07
1995-2004		1.74	1.20	0.04	1.90	8.80

資料來源：經濟日報社，臺灣經濟年鑑，2006年，頁852。

七六；不過移轉所得全期平均成長率尚高，爲百分之八．八〇，在前期爲百分之十四．五三，在後期爲百分之三．〇七。這些數據表示出：後期所得比前期降低太多，表示家庭所得下沉之事實。也就是說，在最近五年，臺灣家庭所得確實在縮水之中。（見表八）

(三)失業率居高難下

在前五年（一九九六至二〇〇〇）期間，臺灣失業率最高爲二〇〇〇年的百分之三，最低為一九九六年的百分之二・六；在後五年（二〇〇一至二〇〇五）期間，失業率最高為二〇〇二年的百分之五・二，最低為二〇〇五年的百分之四・一。在臺灣失業紀錄上，自一九六〇年以來，超過後五年失業率者尚不多見。儘管這個數字較西歐先進國家為低，但它們有失業救濟制度，不致使失業者走頭無路，燒炭自殺，或全家自盡。

㈣股市低迷不振

我們將最近十年（一九九六至二〇〇五）分為兩期，在前期（一九九六至二〇〇〇），臺灣股價加權平均指數為七千四百八十五・一八點，在此期間一九九七年的八千四百一十・五六點為最高，一九九六年的六千零三・七二點為最低。在後期（二〇〇一至二〇〇五），股價指數平均為五千四百八十二・二〇點，較前期之平均指數降低二千・九八點，在此期間，二〇〇五年之六千零九十二・二七點為最高，二〇〇一年之四千九百零七・四三點為最低，可說在前期所購之股票，在後期均被套牢，不敢脫手；一脫手即蒙受損失。股市之低迷不振與投資環境欠佳攸關。而投資環境中，最令中外投資者所顧慮的，為政局動盪不安所帶來的風險。

四、臺灣經濟下沉的原因

臺灣經濟下沉的根本原因是否像某些人所說的臺灣臺商都跑到大陸去投資，致臺灣產業空洞化？還是因爲臺灣鎖國政策所導致的結果？

一般人都了解到臺灣的中小企業所經營的產業絕大多數爲勞力密集產業，當臺灣的工資成爲鄰國工資的七至十倍時，以出口爲導向的臺灣企業，倘在技術上無大的進步，其所生產的產品，在國際市場上便失去競爭力。如留在臺灣，不但不能生存，更遑論發展？它們爲了求生存，圖發展，才到海外投資。事實上，它們到海外投資，在供給鏈上是國內廠商重要的一環。這就是爲什麼臺商在東亞國家的投資多，其所帶動的出口成長率也高。無論是垂直分工或水平分工，大都是跨區域經營的；惟能跨區域經營，才能有機會運用各地區所擁有之比較優勢；如能集合各地具有的比較優勢所提供的零組件，才能產生具國際競爭力的產品。

在世界上凡能敞開國家大門從事經濟活動的國家，不但不會衰敗，而且會持續成長，像北歐的荷蘭，早在十九世紀，就是一個敢敞開國門的國家，凡偏好閉關自守的國家，能有經濟發展成果的幾希，像二戰後的北韓。臺灣是個以對外貿易爲主導的經濟，如果在過去五十年採取鎖國政策，那裡會出現一九八〇年代所創造的臺灣經濟奇蹟！

政府效能直接關係到經濟的盛衰，凡官員廉潔，執行力強的政府，都是經濟成長的助力。根據二〇〇六年五月瑞士國際管理學院（IMD）發布的二〇〇六年世界競爭力報告：臺灣在「政府效能」的國際排名上較上年滑落五名，而為第二十四名。其所以如此，有其根本原因：

⑴執政黨的政務官之更迭如走馬燈，幾乎每年一換，對所掌握的業務還在摸索與熟悉過程中，便被換下來，像行政院長、經濟部長、財政部長等，凡與經濟發展密切相關的首長，輪替如此之快，破臺灣近五十年來的紀錄；而且很多部會首長，論資歷、論學識、論品德、論膽識，多不是擔任部會首長的料，只因他們對選舉有功或對政治獻金有貢獻，便被提拔。

⑵破壞文官制度

臺灣的文官制度本有相當好的基礎，要在政府部門任職必須通過普考、高考或特種考試。然後在每一階段，都要接受公職訓練，以免思維、行事作風落後，才有機會升等，這種文官制度是維持政府效能的基本條件，可是近六年以來，執政當局卻任所欲為，將文官制度破壞，致不平之風籠罩行政部門，將行政效能徹底消蝕。

(3)朝令夕改，不求貫徹的發展計畫

自二〇〇〇年以來，行政部門曾提出「綠色矽島」、「挑戰二〇〇八國家發展重點計畫」、「服務業發展綱領及行動方案」等，可說沒有一個計畫是被完成。按說：執政黨不變，行政首長更迭，也應將原定的發展計畫貫徹執行，方能見到如期效果。事實卻是：行政首長一換，則是「各吹各的調」，徒浪費公帑，卻見不到任何具體成果。

(4)空有美麗口號，卻無推行細則

執政當局的施政理念「穩定中求改革，延續中求創新」，以及「投資臺灣，布局全球」。可惜都只限於紙上作業，或演講用的詞彙，不見方案被推動。臺灣政局不穩，執政當局歸於「朝小野大」所致，從不反省本身所犯的毛病，這完全是規避責任的托詞。再如「投資臺灣，布局全球」。在這方面，我們必須有吸引中外企業來臺投資的本錢，如果投資環境惡化，資金移轉受限制，而基本教義派的主張又使人人自危，致國內業者急於到海外投資，而外國業者也不願來臺灣冒風險。

以上四個因素是造成政府效能低落的重要原因，而政府效能下滑則會影響投資環境，也會殃及經濟難以持續成長。

五、結論

世界在變，全球化的潮流誰也擋不住，我們已發現近年來臺灣經濟有下沉的跡象，這是一種警告。如果我們不能掌握時代的脈動，臺灣經濟便無出路。在這方面，我們不能不正視亞洲各國，尤其我們的近鄰——中國大陸。中國大陸是二十一世紀崛起的經濟，它不但具有投資環境所應具備的優越條件——廉價勞力、低的土地成本、高的行政效率、便捷的對外交通，而且更擁有一個具潛力的大市場。最近五年以來，無論已開發國家或新興工業化國家，無不爭相在大陸卡位，希望分一杯羹。而大陸需求量之大，足使世界鋼鐵價格大幅上漲，國際油價飛漲。近幾年，韓商、日商都爭相在大陸沿海各地布局，而歐美的大企業也不甘示弱，先後在大陸爭得一席之地。有近水樓臺的臺灣，如果不爭取大陸的市場，還能在何處爭取到如此龐大的市場。臺灣出口在美國市場的比重在逐年降低，臺灣由日本進口的比重卻未減少，致年年對日貿易赤字高張。至於印度，儘管近十年來有了快速的成長，然與大陸比起來，它對臺灣產品的需求仍屬有限。在這種情況下，以對外貿易為導向的臺灣經濟將何去何從？需要朝野摒除意識型態，作正確的選擇。

5 畫餅充飢的經濟願景

根據中央政府的經濟計畫，二〇一五年臺灣總體經濟發展目標，可以達到優遊一日生活圈，消費者物價上漲率不超過百分之二，每人平均國內生產毛額（GDP）爲三萬美元（二〇〇九年達二萬美元），失業率在百分之四以下，經濟成長率平均爲百分之五，以及所得差距降至六倍以下的六個目標。這個美好的遠景令人心嚮往之。如果能實現，臺灣豈不是世界上的樂土？但是現實社會卻是變化的，說得更貼切一點，它是殘酷、無情的。

記得一九九六年，當臺灣每人平均國內生產毛額爲一萬三千七百一十四美元時，李登輝總統也是滿懷信心地說，到二〇〇〇年時，每人平均國內生產毛額爲二萬美元，可是到了二〇〇〇年，它卻是一萬四千七百二十一美元，距希望目標相差五千二百七十九美元，即使到了二〇〇五年也不過一萬五千六百七十六美元，距二萬美元還差四千三百二十四美元，因為用美元計算的每人平均GDP至少受兩個因素的左右：一為匯率的變動，一為經濟成長程度。如果新臺幣對美元貶值，所締造的經濟成長便會下降許多；如果經濟成長率不高，對美元匯率不變，也會使每人平均GDP無法上升。新臺幣對美元的貶值又受經濟景氣的低迷與物價上漲率提高的影響，可是這兩個因素，也不是執政當局所能完全控制的。當李登輝說這句話的時候，忘掉了應有的假設條件，僅憑最近數年的趨勢是不宜作長期預測的。

一個政府對國家的未來不能沒有個可期待的願景，讓老百姓和工商業界對未來懷有希望，作為努力的目標。但是，任何願景都要有些假設條件，不宜無根無據地，對社會大眾信口開河，因為實現這個願景受很多因素的影響，不管對未來許什麼願景，必須要提供些有助於實現願望的條件；如果只是憑空幻想，充其量那個願景只是畫餅充飢，不切實際。

當為一國經濟未來規劃出一個願景時，這個經濟願景總是希望有被實現的可能。從二〇〇五年到二〇一五年，有十年的時間。回顧過去，十年的變化太多，我們所能掌握的條件有限；至於未來十年，已預見的而且不利臺灣經濟持續成長的事件，正在發展中，至於未預見的事件是什麼？在今天也很難預想得到。

先就未來平均經濟成長率百分之五而言，如果檢視最近十年（一九九六至二〇

○五）的平均經濟成長率爲百分之四．五，若以最近六年（二○○○至二○○五）而言，只有百分之三．六，顯然比最近十年，尤其最近六年的平均經濟成長率爲低。究竟這是什麼原因？你可以說二○○一年電子業嚴重不景氣，使臺灣經濟成長率下降百分之二．二，影響了過去六年的平均經濟成長率。其實僅僅這一個理由，還不足說明經濟成長率持續下降的事實。到底是那些原因使臺灣經濟情勢不能好轉？主要是投資環境沒有改善。在一九九○年代以前，政府所掌握的資源尚多，在投資支出方面，按說公共建設的進行，也會帶動經濟成長，近年來，政府的投資支出平均降低百分之一．六八，即使無成長，公共投資中產生了不少浪費現象，例如建設了那麼多文化館，大都是養蚊子館，對人文建設並無實質幫助。至於民營投資，其平均成長率爲百分之六．一，難以締造百分之五的經濟成長率。除國內投資外，尚有僑外資部分。在此部分，以批准金額而言，最近十年平均成長率爲百分之十．一五，至其實際投資額遠低於這個數字。由於在投資總額中所占比例並不高，故對臺灣經濟成長的貢獻有限。

投資環境欠佳，對民間投資的影響很大。尤其自二○○○年政黨輪替以來，政府的行政效率很低，幾乎絕大部分的經濟計畫落空，因爲在過去六年，行政院長換了五任，經濟部長和財政部長也換了五、六任，這種走馬燈式的行政首長更迭，使很多決策形同虛設。況且許多宏大的計畫藍圖多未經過詳細評估（包括經濟價值評估、財務負擔評估、技術可行性評估，以及環保影響評估），大都是匆匆忙忙提出來的，可說是急就章式的經濟計畫，由於行政首長的更迭頻繁，很多計畫也就胎死腹中，或半途而廢。

政爭不斷，互相攻伐是政局阢隉的主要原因。當政者那裡有時間去思考國家大政？況且走馬燈式的更迭行政首長，更使主政者有三日京兆之心，不會作長期打算。議會口水戰的主題往往令人啼笑皆非、莫明其妙，就像最近一個多月來，藍綠兩陣營所爭吵的主管特支費問題，其爭吵簡直是令人費解，主管特支費的一半不必報銷，歸主管使用，另一半要爲公務，檢據報銷，這是行之五十多年的老制度。即使認爲它不合理，立法院可以修改，可是他們不圖此途，將一半不必報銷的特支費當作貪污看待。結果，六千多位行政主管被網羅在貪污罪嫌之內。至於過去五十多年的尚不包括在內，如果也要清算一番，臺灣眞是貪污大國了。世界上像這種爭論，可說創金氏紀錄。

冷凍兩岸關係是臺灣經濟情勢下滑的主要原因。從世界經濟發展趨向來說，沒有一個國家因採行鎖國主義，而使人民能享受富裕的安康生活（北韓就是個例子）。兩岸均成爲世界貿易組織（WTO）的成員，在相互貿易上，要平等相待（如國民待遇原則與無差別待遇原則），同時全球化的浪潮正洶湧而來，如不設法去適應它、運用它，只是想以駝鳥方式逃避它，只會有害無益。像我們與大陸的經濟關係，不少臺灣大中小工商業界已運用「比較優勢原理」，在大陸各地設廠立店，利用當地的廉價生產要素，不但以大陸作為出口世界各地的中途站，也利用大陸廣大的市場，作為擴展其內銷的根據地，使大陸成為臺灣最大的出口地，致近年來，每年對大陸出超高達四、五百億美元。若非對大陸保有如此高的出超，近十年來，臺灣已成為入超地區。

我們政府對大陸的禁止直接三通，受害的不是大陸，而是臺灣人民，禁止的目的達到沒有？就工商業者而言，該去的，已經去了。你禁止對大陸投資設限，它們就會在其他地區設子公司，同時將所賺的錢也不匯回來。而且近年來，又捨臺灣而在香港和新加坡股票上市，對臺灣資本市場而言，得不償失。我不相信，政府官員不了解這一點，而是在狹窄的意識型態下，怕有人說「不愛臺灣」。無論客運或貨運不能直接交通，吃虧的是臺灣人民，不是大陸人民。如果將這筆浪費的錢及時間節省下來，對臺灣民間消費支出的增加就有很大的正面效果，這也有助於臺灣的經濟成長。對這個道理，執政官員及御用的學者不是不了解，卻因為那些違背潮流，違背臺灣人民利益的意識型態在作祟。如果對這些限制臺灣經濟發展的禁咒不徹底消除，希望未來十年能保持百分之五平均成長率是件相當困難的事。

再談談失業率的問題，二〇〇二年，曾高達百分之五．二，也是近五十年來臺灣經濟發展史上罕見的現象，最近兩年已下降到百分之四左右。它之所以下降，是因爲經濟復甦嗎？究其實，另有文章，即近年來，派遣（外包、委外）興起；而這種行業有臨時工的性質。受僱者沒有年終獎金，也沒有退休金。由於工資低，對老闆而言，是最能節省成本的方式，在派遣法未制定前，我們所了解的是：就金控公司而言，老闆施用各種卑鄙的方式，使中級人員提前退休（即所謂優退），老闆將節省下來的錢可用派遣方式僱用較多的低級人員。中級人員中年失業後，要想轉業相當困難。有不少製造業對於襄理、經理級的僱用人員也是採用這種方式省錢。這就是爲何失業率稍微下降的重要原因；另方面，因失業而舉家自殺的案件可說不絕如縷，這又是五十年以來罕見的現象。

其實，要使失業率降爲百分之四以下，並非是件難事。發展觀光業、休閒業、照護業、安養業等，已是許多國家創造就業機會最佳的方式，它既是無污染產業，又是易於發展的產業。如果每年臺灣有一千萬人次觀光旅客，它所創造的就業機會會數倍於一般製造業。可是我們的政府不圖此途，怕大陸人民來到臺灣，滯留不走，或來探聽國情，作爲中共入侵的資訊，這種想法既幼稚又不切實際。每年政府都在說積極推動觀光產業，事實上，只限於口頭作業，不見實際行動，致使每年出國旅遊及經商的人數超過七百萬人次，而來臺灣觀光及經商的人數不過三百多萬人次。在這方面的發展，臺灣固不及香港，也不如二十八平方公里的澳門，這又是意識型態作祟的必然結果。

至於未來十年臺灣貧富差距是在六倍以上，我們有哪些政策措施會使它降到六倍以下？如果依照目前的情勢，政府不採取些有效措施，要使貧富差距降至六倍以下，並不容易，擺在面前的幾種現象是否會有改善，則是關鍵因素：⑴有錢的人，因利用各種方式，如避稅、逃稅、免稅，故少納稅或不納稅；⑵中產階層的人，則是納稅最多的一群，可是近年來絕大部分的中產階級正逐漸向低所得階級移動，有極少數的人向高所得階層移動，如電子新貴、得意臺商。高所得階層在臺北市買每坪一百萬元的房地產易如反掌，而中產階層想買每坪二、三十萬元的，則力不從心。

例如大企業的決策階層之年薪多在千萬元以上，而一般大學畢業生的月薪不過二、三萬元；即使具博士學位的年輕人，擔任助理教授的月薪不過六萬六千元（十年以前即六萬四千元）。至於占相當大百分數的軍、公、教人員的待遇，近十年來僅微微調高二次，每次僅百分之三，尚抵不過通貨膨脹率。儘管這十年來，臺灣經濟平均成長達百分之四．五一，可是中產階級卻在縮水。經濟成長的果實到底被誰所享有？這是個值得作深入探討的問題。

最近十年來，政府所畫的經濟大餅似乎一個比一個大，但僅是海市蜃樓，好讓當政者自慰一番，事過之後，誰也記不起來一年以前，到底許了個什麼願景。總結一句話：兩岸關係不改善，國內政局紛爭不已，當政者作任何宏偉的大規劃，不肯力圖改革，穩定政局，打開對四鄰的門戶，到頭來都是緣木求魚的結局。

6 意識型態的經濟觀

在很長一段時間，我對意識型態（ideology）的涵義搞不清楚。你說它抽象，它的確很抽象；你說它不抽象，連年輕人對它也能琅琅上口。當我弄清它的涵義後，始發現這個名詞在二十世紀像潛在的毒菌一樣，它的發展會危害每個人的健康。意識型態本是思想方式。如果，將其局限於一種不可侵犯的神話，它會成為清除異己的藉口，自古以來，的確是如此。

一、各種意識型態之可怖

意識型態可分為文化的意識型態、社會的意識型態、政治的意識型態以及經濟的意識型態。如將某一民族視為上帝的選民，其他民族自然就不是上帝所眷顧的對象，於是上帝選民成了統治階層，而非上帝選民，便成為奴役，供上帝選民驅使，這是一種文化上的意識型態。近年來，我對人口問題很感興趣，想到孔子的話：「不孝有三，無後爲大」。這句話影響中國人的家庭關係長達二千年之久。如果結婚後，不生子女，那是家庭最大的不幸。因爲醫學不夠發達，總認爲這是女人的錯。因此，這種社會的意識型態使男人有娶小的藉口，三妻四妾的擋箭牌，也使女人陷於被遺棄的境遇。進入二十世紀，這種意識型態更被利用得淋漓盡致。例如毛澤東的「人多好辦事」，竟被演化成強調多子多孫的神話。儘管，大陸人民生活在毛澤東統治之下，過著水深火熱的生活，人民的生育率還是相當高，結果一九五〇年大陸人口爲四．五億人，到了一九八〇年便增爲九．八億人。本來大陸生產就不豐盛，以致人民生活更加困苦。其實，最可怕的，是政治的意識型態，它是消除異己的藉口，也是殺人不見血的工具。如北大校長馬寅初因反對大陸人口過度膨脹，便被指爲黑五類，遭受無情的迫害。在共產主義最盛行的二十世紀前八十年，凡被指爲「資本主義」或「資產階級」，都是人民的敵人。這種可怖的意識型態進而成爲「三反」、「五反」、「反右鬥爭」及「文化大革命」的藉口。這種政治的意識型態可說已膨脹到極限，凡被視爲異己而被消除的人，已無法計數。很不幸的，自一九九〇年以來，臺灣所流行的政治的意識型態，竟成爲撕裂族群，製造分裂的工具。凡被貼上「不愛臺灣」的標籤，都被視爲中共的同路人，對其去之而後快。這種可怕的意識型態，是臺灣走向民主政治最大的障礙。

二、經濟意識型態所造成的浪費

現在所要分析的，是從經濟觀點，審視臺灣的意識型態。臺灣在經濟上的意識型態並非自政黨輪替以來，才有的現象。其實在所謂威權時代，它就存在了。那時候，蔣中正是中華民國總統，在他的傳統觀念中，還沒有完全脫離歌功頌德那一套帝王時代所流行的術語。我猜想，「總統萬歲」的口號，他是蠻欣賞的，否則，他會拒絕。一般投機之徒，為了升官或保住官位，就利用老總統的品味，到處建總統銅像，十字路口，有蔣總統銅像，公園內也有總統銅像，學校的大門內更少不了總統銅像。在一九六〇年代和一九七〇年代，儘管一般學校的財務情況很拮据，只要有人提議建總統銅像，誰也不敢反對。如果真的有人出來反對，很可能被扣上「思想不正確」的大帽子，成為治安當局調查的對象。於是總統銅像到處可見，其數量不會少於地方上的土地公。自然，這是一種浪費，而且是一筆龐大的浪費。在當時有沒有人敢出來反對？為了明哲保身，誰都不敢出聲反對。到了蔣經國成為總統時代，他喜歡走入群衆，了解社會底層的生活，一襲夾克，走遍各地的大街小巷。他既不喜歡有人喊「總統萬歲」，也不喜歡有人為他塑銅像。一對父子，同為中華民國的總統，因時代的不同而所持的觀念也有了大的差異。近年來，臺灣由民進黨執政，臺灣竟刮起「反蔣風」，學校、十字路口及公園內的老總統銅像都被拆除掉了。有人認爲拆除老總統銅像是大義不道。平實言之，在民主時代，到處是一個人的銅像的確值得非議，不過如能保留幾座具代表性的銅像也是有歷史價値的。

臺灣自政黨輪替以來，政治的意識型態更加厲害。它不是爲某個人塑造銅像問題，而且爲特定族群塑造特有的文化，例如到處設文化中心、建博物館，考其眞正的目的，是爲了爭取選票，希望繼續掌權。更諷刺的是：幾乎每個文化中心，或博物館都成爲養蚊子的地方。同樣，儘管政府預算吃緊，只要有人提議爲某一族群設文化館，或建博物館時，誰都不敢表示反對的意見，一定會全票通過。若有人站在經濟立場，使用價値，將來維修等立場，加以反對，定會被指爲「不愛臺灣」，受到當局的另眼看待。畢竟明哲保身，是求生圖存之道，只有心中反對，口中贊成，結果造成了難以估計的浪費。單就博物館而言，它的建築需要維修，它的陳列品需要充實與保護，而它的管理員需要訓練等，這些都需要經費。如果沒有經費維護，一座樓房很容易被荒蕪掉。況且，更要有人經常來參觀，如果沒有足夠的人來欣賞，它的存在就發生了問題。當初提議建館的人，缺乏經濟觀念，將意識型態無限上綱，結果是納稅人倒了楣。從經濟觀點，這是一種變相剝削，被剝削的人是納稅人。既然臺灣自詡爲民主社會，在決定建博物館之前，應徵求納稅人的意見？結果是：當政者強姦民意是手段，剝削民脂民膏是事實。

我並不反對為原住民建博物館，所反對的是：不應為每個原住民都建博物館，甚至數個博物館。如果眞為原住民著想，在臺灣，選定一個地方，建了一個夠規模的博物館就足夠了。試想想，這種錯誤的政策是否比貪污更可怕！

美國是世界上，地大物博，最富有的一個國家。在美國，只有紐約可以養活一個歌劇院，而且到歌舞院的，觀光客占很大的比例，當地居民反而占較小的比例。在臺灣，百萬人口的都市能養活一個歌劇院？値得懷疑。可是有不少城市對建立歌劇院，都躍躍欲試。

臺灣最流行的是建飛機場，在一塊三萬六千平方公里土地上，除了四分之三為山地外，只有九千多平方公里的土地是平地，可是幾乎每個城市都要建飛機場。單就臺澎地區而言，建立的機場有桃園、臺北松山、高雄、臺中清泉崗、臺南、嘉義、屏東、花蓮、臺東、馬公、綠島、蘭嶼、望安、七美、恆春等。除了桃園、高雄和松山機場外，傳播媒體指出其餘的機場都是選舉機場、養蚊子機場，更可笑的，幾乎都想把每個機場擴大變成國際機場。主政的人只想到機場的供給，沒想到對機場的需要。如果蓋那麼多國際機場，而旅客又寥寥無幾，豈不是一種浪費？當政者不會去考慮這個問題，所想到的是討好部分選民，那裡會考慮：如果沒有足夠搭飛機的人，各航空公司豈不要虧空？當機場無足夠收入來持續經營，便會造成莫大的浪費。

三、結語：納稅人買單的悲劇

臺灣的選民很容易被欺騙。當窮途末路時，只有攜家帶眷燒炭自殺或跳海自殺。這些相信天命的選民就成了政客玩弄的工具。一旦無錢為政客買單，也無錢維生時，只有自動向上帝報到。

經濟上的意識型態對納稅人而言，是無形的殺手，要避免遭受這種殺手的迫害，應當儘快覺醒，擦亮眼精，看清這些經濟上的意識型態所呈現的面孔，不但不要受其蒙蔽，更要揭發它、反對它，使其無所遁形！

7 臺商回流究爲啥？

近年來，大陸沿海的臺商，在適應環境上，遇到了些困擾。我們的政府乃表示歡迎他們返臺投資，同時要用「特赦」的方式對待他們的回歸。這表示未經核准而去大陸投資、經商的臺商都犯了罪，政府用「特赦」，表示政府的寬大爲懷。如果你是臺商的話，你會有什麼反應？返臺，感恩以圖報，還是流落海外，成爲國際流民？對於臺商之回流，我們不能不從臺商赴大陸投資的前因後果談起。

一、臺商赴大陸投資的目的

在一九八〇年代後期，臺灣股市、房市開始聯袂狂飆，在一九九〇年以前凡炒股票和炒房地產的人都賺了大錢，可是當時以出口爲導向的中小企業，面對新臺幣大幅度的升值，由四〇：一升到二十五：一情況，削弱了對外的競爭力。同時，勞工既短缺，工資上升又快，更使出口商品的競爭力大幅下降。這些原以出口爲生產對象的中小企業，都感到經營困難；如繼續熬下去，只有倒閉關廠，一旦走到這步田地，不僅工人會失業，自身也難保。在痛苦掙扎中，他們開始出走海外。他們先去的地方並不是中國大陸，而是東南亞國家，因爲那裡工資低，而勞力也充沛，但政局不穩、語言也不通。到一九八七年政府允許一般平民可回大陸探親，於是他們趁此機會紛紛轉到大陸投石問路。他們發現到大陸，語言相通，生活方式又同臺灣差不多，於是他們便紛紛轉到大陸投資。當他們初次到大陸時，多遭受些人爲的挫折；如果能熬過二、三年，便可在大陸立足，進而擴廠，增加生產規模，因爲大陸的勞力更充沛而工資更低廉，他們很快適應當地環境，而能發展下去。

到了一九九〇年代後期，電子業和資訊業，鑑於西方國家的企業紛紛在海外建立起供應鏈，藉以降低成本，提高其競爭力，他們也開始到大陸東南沿海一帶，特別是長三角地區投資，從而與國內的總廠建立起供應鏈體系，以便利用大陸的廉價勞力，提高競爭力。在初期投資，係以出口爲主，也是以「臺灣接單，大陸出貨」的方式。到二〇〇〇年，大陸內需開始擴大起來，也有些產品以大陸市場爲銷路。因此，不少臺商便得到了發展的機會。尤其自一九九〇年以來，臺灣對大陸出口，年年是出超，這與臺商在大陸生產有密切關係。否則，自一九九七年開始，臺灣的對外貿易就是大量的入超。在雙赤字情況下，臺灣經濟既不能保持百分之四左右的成長率，而民生疾苦較今天的局面，恐更爲嚴重，難道這不是臺商對臺灣經濟的貢獻？

二、中小企業的遊牧民族性格

臺灣的中小企業多具遊牧民族的性格：「逐水草而居」，而他們是「逐廉價勞力而居」。因爲他們的資金匱乏，無能力從事研發，他們只能及時購進外國機器，利用新機器提高生產力，但不是從改進機器，或創新生產方式去提高生產力。因此，他們的生產力很容易停滯。復因爲中小企業，多無退休制度，而勞工待遇多不會隨營業的成長而成長。如果勞工要求提高工資，或政府對僱用勞工條件有了限制，這些中小企業的老闆面對這種情勢，多不從提高競爭力方面去設想，只想能找到有更低廉勞工的地方去設廠。可是，低廉勞力的地區也會變化。如果當地的經濟能持續成長，勞工的薪資一定要提高，這是經濟發展必然結果。很不幸，我們的中小企業所想到的就是哪裡工資低，就將工廠遷到那裡去。這種經營特性，在競爭日趨激烈的二十一世紀，總會有一天，找不到工資更低廉的地方。

在大陸的臺商大部分集中在珠三角。他們之中，以中小企業居多。當二〇〇四年，中共政府免徵田賦，並提高糧食收購價格時，許多臺商工廠的勞工曾紛紛離開工廠，回到家鄉種田，這種變化使臺商感到珠三角的生產環境有了不利的變化，有不少將工廠遷移到越南去，因為越南的勞工比珠三角的勞工更便宜。由於越南經濟成長也很快，提高工資是必然現象，況且自加入WTO後，它也要遵守國際規範，也會對勞工提出些保障來，提高勞工薪資。若干年後，他們也會遭遇到與在珠三角所遭遇的情況一樣，即工資會不斷的上升。處此情況，他們還能遷到哪裡去？

近年來，大陸各地不斷傳出內、外資企業有突然辭退員工及員工罷工抗爭事件。中共政府乃於二〇〇八年一月一日起實施「勞動合同法」，對勞工的待遇有了某種程度的保障。該法規定：企業單位對勞動者可在某些條件下，解除勞動合同，並應向其支付經濟補償金。易言之，該法擴大支付經濟補償金的範圍及責任。公司老闆認為該法不但增加成本負擔，也加重其法律責任。同時，也憂慮主管機關在執法上的參與，會造成經營上的困擾。復因為絕大多數臺商是加工式，生產利潤低，老闆考慮到這個問題，不少人有思遷的打算。到底哪裡是安身之處？越南是他們最先選擇的去處，也有的沿著大陸沿海向北移動，甚至到東北去落腳，因為那裡的工資較江南低廉，而勞工充沛，且更能吃苦。有人分析，隨著大陸經濟發展重點的轉移，它們也會向中原地區遷移；如果中原地區的工資也不斷的上漲，它們會向西部去發展；如果西部的工資也不斷的上漲，他們還能遷到何處？對這個問題，尚無答案。

三、大陸臺商何去何從？

在工資隨經濟成長不斷上調的趨勢下，臺商不可能經常搬遷，儘管越南提供了優良的條件，柬埔寨、寮國、緬甸也會提供優厚的條件，來吸引外國廠商。事實上，大陸經濟的發展方向正由東南沿海向北移，由珠三角，而長三角，再北移至環渤海灣及東北，然後再向中原地區及西部地區移轉，這種發展方向大體是勢所必然的發展。處在這種情勢下，大陸臺商的選擇：⑴中南半島；⑵印度；⑶大陸中、西部及⑷回臺灣。最近十年以來，已有很多臺商去越南投資，也有不少臺商順著大陸的發展走勢而移動，最近也有臺商去印度視察投資環境，也許有部分臺商想返臺。可是返臺後，他們面臨的是什麼局面？這是他們要考慮的問題。

當年，他們之出走，是因在臺灣不能生存與發展，既然去大陸發展了若干年，因經營環境改變而無法適應，就返回臺灣，回臺灣所受到的待遇是否會比大陸更好？當年出走時的困難條件是否仍在？如果返臺，如何克服高工資、環保要求等困難，這是臺商選擇返臺必須考慮到的條件。況且政府對他們的態度是用「特赦」、「罰鍰」，更會使臺商的返臺夢蒙上一層陰影。

四、解除臺商困境的可行途徑

臺商之所以有遊牧民族的性格，與他本身的缺點有關：(1)無創新的技術；(2)缺乏經營的經費。因缺乏必要的經費支援，所以創新的技術就很難出現。他們不像大企業受到各種優惠待遇，而且經費也不缺乏，儘管生產是代工式，而所賺取的僅是微利，但他們還能繼續發展。政府的功能是為他們提供一個能生存與發展的環境，同時政府也要改變在海外打拼的臺商之錯誤印象。業者在海外投資設廠，在百年以前的荷蘭已盛行了，這種現象不但無損於荷蘭之成為已開發國家，反而使荷蘭成為全球化路程上的先行者，它們不但壯大了海外市場，也豐富了國內人民的口袋。荷蘭政府的政策是：荷商走到哪裡，荷蘭銀行就跟到那裡，使企業經營無後顧之憂，從而有能力到世界各地賺取富國裕民的財富。

開放臺商之自由進出，包括營業人員、技術人員以及資金，使這些經營人員有更替的機會，而所賺取的資金因進出自由，便不會到無稅地區去設有名無實的子公司，使資金在海外流浪。國內的科技教學和研究機構需與臺商建立起有效的建教合作，使臺商的生產技術、設計和管理獲得日新月異的精進。假以時日，海外臺商對臺灣經濟發展，就會作出更明顯的貢獻。迄今已有很多臺商在大陸賺了錢，然後將資本投在臺灣的房地產，使低迷的房地產市場有了生機；也有的，將大量的資金捐獻給臺灣的大學研究部門。我相信，如果政府對企業採取開放的態度，會有更多臺商將海外賺得資金捐獻給國內慈善機構和學術團體，從而使他們有了永續發展的力量。

五、結語

近年來，臺灣在東亞的經濟地位已大不如前，執政當局必須放棄鎖國政策，讓臺灣成為一個自由而開放的海島。東亞四小龍的新加坡和香港，既沒有臺灣如此多的土地可利用，也無如此多的人才可提供，然而它們卻能克服無天然資源的缺陷，而有輝煌的經濟表現。它們能，為什麼臺灣不能？這種對照不但值得我們深思檢討，更值得我們提出有效的對策，並付諸實施。

8 爲何不能忍受百分之三的通膨率？

單從通膨（通貨膨脹）率數字上來談，通膨是否高低相當困難。儘管一般教科書上告訴我們：如果消費者物價指數持續上漲百分之一至四，被視爲溫性通膨率；上漲百分之四至八，視爲高通膨率；上漲百分之八以上爲惡性通膨率。對於這種定義，一般讀者都會接受，這種觀察是以一般的社會經濟情況爲背景。

現在一般臺灣人民對於百分之三的通膨率都難以忍受，爲什麼？對於一些貧窮的人而言，即使百分之一的通膨率，他們也感到難以忍受；對於富有的人而言，即使百分之十的通膨率，他們也感受不到通膨的嚴重性。也就是說，貧富對通膨率的高低之感受是截然不同的。

如用經濟術語來解釋：對通膨率高低的感受，要視兩個因素而定：⑴經濟成長率的高低問題；⑵薪資所得增加多少問題。如果經濟成長率很高，譬如百分之八，而薪資所得增加率也有百分之六至七，在這種情況，即使通膨率高達百分之五，一般消費大衆也不會感到通膨的嚴重性，因爲薪資所得增加率高於通膨率。如果通膨率爲百分之三，按說，通膨現象不算嚴重；如果一般消費大衆的所得並無增加，那麼，他們對百分之三的通膨率，也會感到難以忍受。在一九九〇年以前，臺灣經濟成長率與薪資階級所得增加率是並駕齊驅的；自一九九〇年以來，則有分道揚鑣之勢。

對於這種現象的形成，我們不妨從兩種現象找答案：

㈠網絡經濟的流行

自一九九〇年以來，區域化與全球化的潮流，湧進世界各地，生產因素與產品的交流所遇到的障礙愈來愈少，任何一種產品的銷售，可到達有需要的國家，同時市場競爭也就愈來愈激烈。爲了增強競爭力，很多產品都是跨國生產，從而利用各地區生產因素之比較優勢，於是跨國供應鏈便成了很多企業營運的方式。在這種情況下，企業牟利雖然很豐厚，但主要由它的執行長（CEO）分享，薪資階級只能分享到較少的成果。尤其近十年以來，所流行的委外生產，更使企業賺更多的錢，其成果也是主要由它的CEO來分享，一般薪資勞工，如不被遣散，也分不到一杯羹。在臺灣，所謂高科技產業已建立起跨國供應鏈，從而也使臺灣減少了就業機會。最近三、四年所流行的派遣公司、人力銀行，其功能爲業者推介所需人力，但一般業者，除對少數科技人員重視外，對一般職工都以臨時工對待，不但工資低（大學畢業生每月平均不到二萬五千元），而且無保障，隨時都會被解僱。

㈡經濟成長主要來自出超

自一九九〇年以來，臺灣企業係以高科技產業領軍，它們的出口量大，而進口量也很大，但它們繳納的稅卻很低。臺灣經濟成長主要來源不是靠內需，而是靠外需。因此，外需成了經濟成長的主力，而提供外需的主要是高科技產業。儘管在過去七年臺灣經濟成長率平均達百分之三・八三，但國內需求的貢獻率卻只有百分之一・五九，而淨輸出的貢獻率則爲百分之二・二五。後者大於前者。在國內需求中，民間消費支出的貢獻率爲百分之一・三九，由此可知民間消費之低迷；而民間消費之低迷，主要由於人民收入沒有增加。事實上，民間消費中，也包括高所得階級的消費，如果將高所得階級的消費剔出，則中、低所得階級的消費會更爲低迷。

以上兩個因素是經濟成長與薪資所得階級的收入間差距加大的主要原因。正因爲這個原因，儘管過去七年經濟成長率平均尚有百分之三・八三，但一般人民對通膨的感受仍特別敏感。

如何降低人民對通膨之痛苦感受，則是許多人所關心的問題。在短期內，要想降低人民對通膨之痛苦感受，有沒有有效的途徑？即使有些途徑可利用，其所產生的效果也不能「立竿見影」。

㈠降低所得稅率

這是西方國家通常用的一種方法。因爲在西方國家，人民的儲蓄率很低。儲蓄率低並不是因爲他們天生就不喜歡儲蓄，而是因爲他們感到無此必要。由於西方國家有較可靠的社會安全制度，而且歷史也較久。一個人退休之後，不必爲生活發愁，因過去所提交的退休金及政府所付給的社會安全金就足以頤養天年。在東方華人社會，儲蓄是美德，且被認爲是「普世價値」。同時社會安全制度尚未建立起來，所以每個家庭，即使收入有限，也要儲蓄，以防不時之需。所以西方人的消費傾向很高，而華人社會的消費傾向較低。

西方社會多認爲減稅措施是在增加社會大衆的稅後所得；即使有某種效果，但在時效上，也十分有限，因爲減稅並非立即的行動，通常到次年報稅時才能享受減稅的好處。如果現在不是報稅時間，這種措施就有「遠水不解近渴」之憾。更重要的，減稅措施對高所得階級不會產生效果，一則是：他們持有的財富，主要是豪宅、金銀珠寶、債券、股票，況且他們逃稅、避稅的金額已超過政府要減的稅額。

㈡對低所得階級發放有期限的食物券或消費券

因爲這種食物券不能兌換成現金，同時又有有效期限，當低所得階級得到食物券（或消費券）後，必會在有效限期內消費掉，這種辦法一方面可以排富，另方面必須在有效期間內將它消費掉，因此會很快活絡市場。假如這種措施的實施以一年爲限，相信在這一年之內，所頒發的食物券必然被消費掉，其對投資支出、國內生產毛額都會產生積極的效果。

㈢振興傳統產業的發展

近年來，大部分傳統產業都被視爲夕陽產業，它們缺乏的不僅是資金，而且是技術。尤其技術，諸多傳統產業都無力從事研發工作，致不能創新，只能利用由西方國家購來的機器設備，從事生產活動。在此情況下，工資的高低便成爲是否能持續發展的溫度計。如果工資上漲了，它們的產品在國際市場上就會失去競爭力，於是它們像遊牧民族一樣，轉到低工資的地區投資設廠，留下來的是失業的工人和搬不走的廠房。如果這些傳統產業能像臺灣的自行車業、遊艇業一樣在技術上有創新，也會重新爬起來。關鍵因素是：如何使它們重整旗鼓？首先必須認識到哪些傳統產業會有再爬起來的希望？正如我在本書〈產業政策的盲點〉一文中所指出的，臺灣的文化產業中尚具發展潛力，如觀光業、休閒業、健康照護業等。關於這些產業，要有周全的規劃、充分的準備、完備的設施和有效率的行政，才能奏效。

就長期而言，臺灣的教育必須與傳統產業的發展相結合，如果我們的科技教育能協助傳統產業解決技術問題，我相信，傳統產業仍有機會在國際市場放光芒。

談到振興傳統產業所需經費來源：所謂「巧婦難爲無米之炊」。無論是提高民間消費水準，或提高產業的技術水準，都需要龐大的經費。爲此，政府的增稅措施，在目前情況不太可能。政府增發公債是否可行？多發行公債是向納稅人要更多的錢，而且也會禍延子孫。爲此，能否多發行鈔票？歷史教訓：多發行鈔票會造成通貨膨脹。在人民所得不增加而通膨率上升的情況下，更使消費者無能力消費，生活情況會更加艱困。

爲了解決經費來源問題，我非常同意陳長文律師的想法（見二〇〇八年九月二十九日在《中國時報》發表的〈爲3%而3%看見政府傲慢與敷衍〉），即減少不必要的軍備支出。減少軍備支出是否會造成臺灣的危機？我相信不可能。只要臺灣不以「獨立」去挑釁對岸，在和平氣氛下，兩岸就能保持和平，維持現況加強交流，就不會成爲問題。否則，兩岸進行武器比賽，一爭長短，到最後，最吃虧的是軍費不足、士兵訓練也不夠的一方。兩岸進行軍備競賽，是一種傳統的想法，一九九〇年以前蘇聯同美國進行軍備競賽，結果蘇聯體制徹底瓦解，就是最好的證明。今日要用競爭代替戰爭。儘管競爭離不開「優勝劣敗」的法則，但總比戰爭的不利影響來得小。

如果臺灣可以不必戰爭，即可解決兩岸問題，爲什麼一定要挑起戰爭？

在這種考慮下，臺灣無必要花龐大的經費向美國購置一些過時的武器。因此而省下的國防支出，即可用來作爲支助低所得階層的經費。這對經濟復甦、社會安定均有裨益。目前，排山倒海的金融海嘯是來自美國的華爾街。這個海嘯不但使美國人民付出昂貴的代價，而且也殃及臺灣。影響所及，它不但使臺灣的股價狂跌，而且也使臺灣的投資人因美國衍生性金融商品的無孔不入，這些投資人也遭受空前的損失。考慮到目前的遭遇，臺灣更應拿出自己的主張，以解決國內的問題爲優先考量。

9 由誰多吞了臺灣的經濟成長

一、經濟發展的目的

經濟發展的目的，不是經濟成長，而是人民生活水準的提高與生活素質的改善。要達成這個目的，必須有經濟成長。也就是說，有了經濟成長，人民生活水準才有可能提高，而生活素質也才能獲得改善。在過去二十年，臺灣經濟每年平均成長率為百分之五．七二；而最近十年（一九九七至二〇〇六年）每年平均成長率為百分之四．三一，可是一般社會大眾的收入並未增加。國內生產毛額平均成長率百分之四．三一，到底由誰來分享？

二、經濟成長分配探源

這個問題似乎是個謎，而且迄今尚無一個明確的答案。如果對這個問題不追根究底的話，它永遠是個解不開的謎。近十年以來，大家都感覺到所得分配有日趨惡化的現象。像臺灣的軍、公、教人員，他們屬於中產階級，十年之間，他們的薪資不但無增加，反而有減少現象。例如十年前，一位資深教授月薪是十萬元，現在還停留在十萬元上；一位具博士學位的助理教授月薪為六萬四千元，現在增為六萬六千元；一位大學畢業生初次就業，月薪為二萬五千元，現在降為二萬三千元。一般大學的授課鐘點費十年以來，無分文增加。

另一方面，我們又看到臺灣的房市，凡建築商推出的豪宅，最低要七、八十萬元一坪，最高到二百萬元一坪，大部分會被富豪購去。對於這種豪宅，中產階級只有望屋興嘆。這種對比說明了臺灣的中產階級似乎沒有分享到臺灣經濟成長的果實。在這種情況下，我們能否武斷地說，臺灣的經濟成長全由富豪享有？當然不能作這樣的結論。因此，我們仍需探索臺灣經濟的成長究竟由哪些行業，或哪些階層的人享有？為此，我們不妨從各種角度去作觀察，也許會窺見一點蛛絲馬跡。

(一)快速的人口成長會吃掉經濟成長

人口成長與經濟成長有密切的關係。許多貧窮國家之所以貧窮，其中一個原因就是人口成長太快，所謂「生之者寡，食之者衆」就是這個意思。如果人口增加太快，

表九　臺灣人口與經濟成長率

單位：%

年	人口成長率	經濟成長率
1998	0.9	4.6
1999	0.7	5.8
2000	0.8	5.8
2001	0.6	−2.2
2002	0.5	4.6
2003	0.4	3.5
2004	0.4	6.2
2005	0.3	4.2
2006	0.4	4.9
2007	0.3	5.7
平均	0.53	4.31

資料來源：The Council for Economic Planning and Development, Statistical Data Book, 2008。

會將經濟成長吃光。例如經濟成長率爲百分之四，而人口成長率也爲百分之四，這個國家的人民生活就不會有所改善。如果只有人口成長，而無經濟成長，這個國家的人民就會陷入飢荒。

茲就臺灣的情況而言，在過去十年（一九九八至二〇〇七），臺灣經濟成長率平均爲百分之四．三一，而人口成長率平均爲百分之〇．五三。由經濟成長率減去人口成長率，尚餘百分之三．八，這百分之三．八，由誰分享？是資方，還是勞方（見表九）？

㈡資本消耗比率的高低

在「獎勵投資條例」中，有一項是加速折舊，即在固定資產耐用年限之初期提列較多之折舊。折舊額愈大，所得即愈小，稅賦亦愈輕。臺灣的電子產業，其固定資本形成在生產成本中占非常大的比例，因爲提前折舊是獎勵措施之一，很多電子產業的企業在利用機器設備四、五年後，即將其折舊淨光，用以降低稅賦。事實上，即使折舊光了，機器設備仍可繼續應用五至十年，爲企業創造附加價值；如果將折舊完的機器設備賣掉了，則可得到一大筆收益，成爲企業的利潤。

茲以一九九八至二〇〇七年的十年爲例，固定資本消耗所占資本形成之比例，在一九九八年僅爲百分之四十二，然後繼續升高，到二〇〇三年升至百分之六十九；之後，便徘徊在百分之六十至六十二之間，顯然，較一九九八、一九九九和二〇〇〇年爲高，這也表示固定資本消耗是偏高的，而且這種偏高現象是人爲的，且非常態。從國內生產毛額的構成來觀察，它包括國內要素所得、固定資本消耗和間接稅淨額。在過去十年期間，國內要素所得占GDP的百分數，最低爲二〇〇二年的百分之八十・七五，最高爲二〇〇七年的百分之八十二・八六；固定資本消耗占GDP的百分數，最低爲一九九八年的百分之九・八六，最高爲二〇〇二年的百分之十二・八〇。而間接稅淨額所占百分數，最低爲二〇〇七年的百分之五・六三，最高爲一九九八年的百

表十　固定資本消耗／固定資本形成

年	1998	1999	2000	2001	2002	2003	2004	2005	2006	2007
所占百分數	42	45	47	65	68	69	60	62	61	62

資料來源：行政院主計處，國民所得統計年報，2008。

分之七・七三。比較之下，固定資本消耗增加最快（見表十）。

㈢營業盈餘占國內要素所得比例

在國民會計帳上，國內要素所得包括受僱人員報酬和營業盈餘。若比較兩者的消長，也可窺見國民所得是由誰多享。茲就一九九八至二〇〇七年而言，營業盈餘占國內要素所得的百分數，平均爲百分之四十二・四七，而受僱人員報酬，平均占百分之五十七・五三。比較之下，營業盈餘所占百分數低於受僱人員報酬，但按一般印象，其所占百分數應該更低；但在過去十年期間，受僱人員報酬所占比例有逐年降低之趨勢。相對地，營業盈餘，則有逐年上升之趨勢。營業盈餘主要爲企業主及其股東所得（見表十一）。

㈣財產及企業所得淨額為受僱人員報酬的比例

一個企業部門通常將企業經營所得分成兩大部分：即財產及企業所得和受僱人員報酬，前者屬資本主所得，後者歸勞工階層所有。由一九九八至二〇〇七年資料顯示，前者占後者的比例

表十一　營業盈餘占國內要素所得之比例

年	1998	1999	2000	2001	2002	2003	2004	2005	2006	2007	平均
要素所得	100.00	100.00	100.00	100.00	100.00	100.00	100.00	100.00	100.00	100.00	100.00
受僱人員報酬	58.76	58.31	58.30	60.00	57.15	57.33	56.73	56.77	56.31	54.63	57.53
營業盈餘	41.24	41.69	40.73	40.00	42.85	42.67	43.27	43.23	43.69	45.37	42.47

資料來源：同表十。

表十二　財產及企業所得受僱人員報酬的比例

年	1998	1999	2000	2001	2002	2003	2004	2005	2006	2007
所占比例	53.42	55.59	54.39	53.99	56.54	53.97	56.47	55.74	58.76	60.31

資料來源：同表十。

有漸呈上升之趨勢。這也反映出：例如一九九八年，前者占後者的百分之五十三．四二；在二〇〇一年和二〇〇三年曾有微幅下降，到二〇〇七年便增加百分之六十．三一。換言之，財產及企業所得較受僱人員報酬有日趨增高之勢，也就是說兩者有分道揚鑣之勢。

㈤公教人員待遇與民間企業勞工工資的關係

在一九八〇年以前，公教人員的待遇相當的低，而民間企業的工資，由於出口旺盛，勞工短缺，致工資水準上升較快；如遇到經濟衰退，公司倒閉現象出現，工資水準才會跟著下降，若公教人員的待遇雖增加很慢，但其任職既不受經濟蕭條的影響，而其薪金也不會受到任何影響。在一般經濟情況，民間企業的工資總是跟著公教人員的調薪走。只要公教人員向上調薪，民間企業也就跟著向上調整工資。不然，來自工會的壓力就很大。為了和諧勞資關係，民間企業之調高工資主要是以公教人員調薪的風向球而定。在過去十年，如前所述，公教人員待遇不但沒有增加，若剔除物價，反而呈現下降現象。所以，一般民營企業的工資水準，除電子與資訊業外，也不會有調升的紀錄。臺灣的電子與資訊產業，在業務旺盛時，不但工資高，而且年底紅利豐，中級以上工作人員成為臺灣最富有的階級。然而二〇〇一年的網絡泡沫破滅，二〇〇八至二〇〇九年金融大狂飆，各產業中遭遇最慘的就是電子與資訊業，不但很多工廠倒閉，而且紅極一時的明星企業，也多採取放無薪假方式，來渡過經濟衰退的難關。

三、結語

到底是由誰多吞了臺灣的經濟成長？雖然前面的分析無法量化到底是哪個階層的人，但可窺見它的蛛絲馬跡。我可肯定的說，多吞百分之三·八經濟成長的該是那個族群。這也是近十年以來，臺灣所得分配日趨不均的根本原因。

10 一般人對「通膨」爲何有「談虎色變」之反應

近年來，無論國內或國外對「通膨」的反應特別敏感。在一般先進國家，因爲經濟成長率很低，多介於百分之二至三，如果通膨率也在百分之二至三，當然會有很敏感的反應；可是在一般新興工業化國家，它們的經濟成長率多在百分之五至九之間，即使通膨率達到百分之二至三，爲什麼也有敏感的反應呢？一定有它的道理在，我試著找尋它的原因。

一、多數人不了解「通膨」的涵義

一般庶民多不了解「通膨」的涵義，倒也罷了，可是一些達官貴人對「通膨」所知也不多，可能因爲我們的國民教育中，沒有講「通膨」這一課。很多人認爲物價連續上漲了四、五天，就認爲通膨來了。他們認爲房價高漲爲什麼未反映在物價上面？

黃金價格在一年之內上漲了百分之四，也未反映在物價上。他們認為只要任何一種物價上漲，就是「通膨」現象。考其原因，就是因為他們既不了解「通膨」的眞正意義，也不了解代表通膨的物價內涵，乃以訛傳訛。

通膨是指消費者物價的持續上漲，它是指數月，或數季連續上漲，才是通膨現象；如果連續上漲了半個月或二十天，它不算是通膨現象。可是現在一般社會大衆，甚至傳播媒體，多缺乏這種認識。因此，只要物價連續上漲一、二週，便認為「通膨」發生了。由於一般社會大衆很容易接受傳播媒體的消息，認為「狼眞的來了」。然後，民意代表跟著起哄，要求政府採取對策，這種現象很容易在每日新聞報導上得到證實。

二、為何通膨是用消費者物價指數來代表

物價的種類很多，有消費者物價指數、躉售物價指數、進（出）口單價指數等。通膨是指消費者物價指數，因為消費者物價所代表的物價與一般人民的消費密切相關，也就是與消費者的所得密切相關。躉售物價與生產者的生產成本關係最密切；進口單價與躉售物價關係有密切關係，也與消費者物價有些關係；至於出口單價，則與消費者物價的關係不大。

在衆多物價指數中，世界各國均採取消費者物價指數的變動來衡量通膨或通縮。通常消費者物價指數上漲幅度百分之〇以上，屬於通膨現象。一般學者通常將消費者物價指數上漲幅度介於百分之〇與百分之五之間，稱爲溫性通膨現象；如果上漲幅度介於百分之五與百分之十之間，則稱爲嚴重通膨現象；若上漲幅度超過百分之十以上，則稱爲惡性通膨現象。例如在一九七〇年代，兩次石油危機期間，一九七四年消費者物價上漲百分之四十七，一九七九年上漲百分之十九，都算是惡性通膨現象。如果消費者物價指數連續下跌，其幅度係在百分之〇以下，如百分之負一、百分之負二，則稱爲通縮現象。其實這種定義並不完全適合每個國家的國情，像已開發國家，它們的經濟成長率平均在百分之二至四，如果消費者物價指數連續上漲幅度介於百分之三與百分之四，這也算是嚴重的通膨現象了。如果有些國家的經濟成長率經常介於百分之七至九之間，而其消費者物價指數介於百分之五至六，他們的消費者也能忍受這種嚴重性通膨。

三、消費者物價指數與消費者的密切關係

消費者物價指數包括八大類，每一類都與消費者的生活密切相關，但密切程度並不完全相同。在政府所編的消費者物價指數中，對每一類按其對消費者的重要程度給

表十三　消費者物價權數

	總指數	食物類	衣著類	居住類	交通類	醫藥保健類	教養娛樂類	雜項類
權數	1,000.00	247.14	40.54	322.35	115.71	47.44	181.27	45.55
項數	424	180	51	52	33	26	54	28

予不同的權數：權數高，表示對消費者最重要。

以上是主計處第九次二〇〇八年一月改編，以二〇〇六年爲基期所訂的權數及項數。爲了適應經濟環境的變化，通常每五年改編一次；而查價資料是由主計處直接派員調查零售商實際成交價格。任何一類中所包含的任何一項，都是由地區平均、時間平均，然後，再綜合平均得來。當你親身經歷一斤雞蛋漲價了，在食物類中你卻找不到它，因爲經加權平均後，單一食品的價格都不存在了。上面的權數，代表各類指數的重要性，項數是指調查時所包含的食品類。在各類中，以居住類與食品類最重要，因爲與民生最貼近的就是這兩類。豪宅暴漲了，居住類卻不包括它，因爲豪宅是資產不是可消費的物品；不過，房租則包括在內。豪宅價格升高，房租是否一定上漲？不一定，要視房屋的供給是否小於需求。由於臺北市空屋很多，豪宅價格上漲了一倍，一般住房房租不可能也上漲一倍。至於黃金、石油，前者是價值的儲藏，後者是生產財，對消費者物價無直接的、立即性影響；除非油價持續上漲，影響汽油價格上漲，也影響電價向上調整，這對消費者的生活才產生影響。

四、通膨與經濟成長

在一般情況，通膨應與經濟成長有密切關係。經濟成長是指國內生產毛額的實質增加；而國內生產毛額，不論從支出面、生產面或收入面，都與國民所得密切相關。經濟成長率高，表示國民所得增加的多；如果沒有經濟成長，便不會有國民所得的增加。在一九九〇年以前，臺灣的情況確實是如此。在一九八〇年代後期「臺灣錢淹腳目」，臺灣人民的確很富有，而手頭也很闊綽，有很多人一擲千金並不在乎，那時臺灣的餐廳都是高朋滿座，生意興隆，而臺灣老百姓包括南部農民出國旅遊，受到香港、東南亞各國的熱烈歡迎；即使遠在瑞士的錶店，更因臺灣旅客的光顧而發了大財。

在一九九〇年以前，臺灣出口旺盛，而且出口產品主要爲傳統產業的產品，像養殖業的年收入曾超過稻米的年收入，尤其一九六〇年至一九八〇年，出口業是蓬勃發展。由於臺灣具備廉價的勞力，凡以勞力爲主要生產因素的產業無不興隆。在這段期間，可說無失業問題。到了一九八〇年反而有缺工問題，即使在一九七〇年代有二次石油危機、惡性通膨發生，一度使臺灣經濟成長受挫，可是臺灣的經濟成長率平均仍高達百分之九以上。

五、通膨與所得分配

在一九八〇年底以前，臺灣的所得分配並未因經濟高速成長而趨惡化，無論以吉尼係數或五分位法測量，都表示所得分配的不均化年在減縮。到了一九八〇年，即使所得分配開始逆轉，由漸趨均化改為漸趨不均化，但至一九八〇年代底，並不嚴重。惟自一九九〇年以降，整個經濟情況有了變化，即經濟成長的原動力不再是勞力密集的傳統產業，而是科技產業（包括電子業和資訊業）。在傳統產業為生產主流時代，製造業生產過程全在臺灣，故能創造就業機會，也就能創造人民所得。可是當高科技產業為主流時代，許多製造業生產過程，有部分是在海外，包括東南亞和中國大陸，因為東亞地區勞工比臺灣便宜，甚至便宜十倍至十五倍。同時因新興工業化國家興起，國際競爭益趨激烈，不少企業為了生存，不得不移地生產，這對臺灣的就業十分不利。到了一九九〇年代末期，不少高科技產業也到東亞地區另闢天地，他們完全著眼於生產成本的降低。有些產品，上游在臺灣生產，下游在大陸生產，然後由大陸直接出口；也有些產品，上游在臺灣生產，中游在大陸，下游再回到臺灣完成封裝程序再出口；這兩種生產方式都為企業降低了生產成本，卻為臺灣減少就業機會。

儘管每年科技產業為臺灣出口創造漂亮的業績，而出口已成為經濟成長的主要動力，但這種產業創造的就業不過二十一萬人。更重要的，近二十年來，執政當局醉心於高科技的發展，而且一直在大力獎勵，其中提前折舊所代表的是稅收的減少，無助於國民所得的增加，同時忽略了對傳統產業的獎勵，以及對傳統產業的創新。如果教育制度能與傳統產業密切配合，相信傳統產業不會變爲「夕陽產業」。像自行車業一向無政府的任何獎勵，但在世界市場占重要地位；旅遊業，本是創造就業機會最多的產業，由於多年奉行鎖國政策，而且對旅遊業又認識不清，致失去能「生蛋」的產業。現在的執政黨已察覺這個事實，正力圖挽回這一頹勢。

六、貧富差距加大增強了對「通膨」的敏感度

儘管經濟成長率再高，如果社會的貧富差距不斷在加大，而且富有人僅占百分之十，則一般社會大衆對「通膨」的敏感度會很高。例如：接受政府救濟的低所得階級及靠利息收入度晚年的人，多年所得不增加，而實質所得又降低。近年來，長期僱用制瓦解，就業不再受到保障，致所得低而不確定。儘管經濟成長率高達百分之八至九，而絕大多數中產階級對「通膨」仍會感到十分沉重。對於富有階級，由於絕大部分的經濟成長由他們享受，他們對再高的通膨也不會感到生活的壓力，仍會享受富裕的生活。近十年以來，中國大陸的經濟成長率平均在百分之九以上，可說是世界上最

高的平均成長率，但當通膨率超過百分之四時，便認爲「通膨」十分嚴重，其原因就在於貧富差距加大所產生的反應。

總之，一般人對通膨的感受程度主要取決於他們的所得是否和經濟成長同步增加；否則，對「通膨」的反應無疑是相當敏感的。

11 GDP成長代表什麼？

凡讀過經濟學的人都知道GDP（Gross Domestic Product）代表國內生產毛額。它的成長通常是指某一年GDP的年增率。當然在經濟蕭條時，它會變為負值。計算GDP有三種常用的方法：一爲支出法，即GDP包括民間消費支出、政府消費支出、固定資本形成、存貨增加、貨物與勞務輸出入淨額；一爲收入法，即國內要素所得（包括受僱人員報酬和營業盈餘）加固定資本消耗和間接稅淨額；一爲生產法，即第一級產業（農業）、第二級產業（工業）和第三級產業（服務業）的產值總和加進口稅，和加值型營業稅再加統計差異。這三種統計方法的結果是一致的。

對於一個國家而言，GDP是一年，或一季，或一月內，全國人民生產的總值。按說，它的成長，應代表人民所得的增加；它的持續成長，不但代表人民所得的增加，也代表人民生活素質的提高。現在的問題是：對於一個國家而言，爲何它的經濟成長率平均為百分之五以上，但其人民的所得不但沒有相應的提升，而且是下降呢？這種現象是否為一矛盾現象？或者什麼地方出了問題？否則經濟成長率再高，與社會大眾的所得又有什麼關係呢？到底是「成長率」的指標出了問題，還是所發展的產業出了問題？

讓我們檢查一下最近十五年臺灣經濟成長的情況。

從一九九五年到二〇〇九年的十五年期間，臺灣GDP的成長率平均為百分之三・九，工業調薪平均成長率為百分之一・二七，而服務業調薪平均成長率為百分之一・三九，如果剔除通貨膨脹率（在此期間，通膨率平均為百分之一・一一），工業調薪調降為百分之〇・一六，服務業調薪調降為百分之〇・一四。前者較經濟成長率低百分之三・七四，後者低百分之三・七六。

為什麼臺灣有經濟成長，但薪資幾無成長？這是個值得探討的問題，到底問題出在哪裡？在一九九〇年以前，經濟成長與薪資所得是同步的。經濟有成長，薪資所得也會跟著增加。為什麼一九九〇年以來，兩者的走向竟是背道而馳呢？如果這樣下去，經濟成長再高，也與薪資階級無關，則是個矛盾現象。

首先我們從GDP生產面來探討，臺灣產業的發展與對外貿易密切相關，因為本身的市場小，容納量有限，而且很容易飽和，所以出口是很多產業成長的主要動力。

如果出口低迷，則出口產業也會不振；如果出口產業不振，經濟成長便失去支撐力。近十年以來，電子業和資訊業是出口量最大的產業，約占總出口的百分之六十，而以對外貿易爲發展動力的經濟，對其成長貢獻最大的，當然是這些科技產業。正因爲它們泰半是代工生產，爲「代工」的國家創造了大量就業，爲「接單」的本國所創造的就業很少。既然這些科技產業是當今的最紅產業，爲了「經濟成長」自不能輕言放棄，但不能因循過去的模式而不作修正；除非科技產業能有「創新」或「品牌」，否則實不易再鼓勵下去。同時，我們不要忽略能創造大量就業的產業，即使它不是科技產業，也應加以鼓勵。

試觀三級產業中，哪種產業最能創造大量就業呢？那就是服務業。世界上凡是高度工業化的國家，服務業在GDP中所占的比重都在百分之八十以上。按說，臺灣如能在服務方面好好策劃，尤其教育制度能密切配合，服務業的發展是有前途的。由於服務業不但是創造內需的產業，也是增加外需的產業。發展服務業，投資成本低，而收益效果大。由於這種產業對提高所得有實質幫助，即所得增加，必會增加消費支出，而消費支出增加對提高經濟成長也有幫助。西方先進國家的經濟成長主要靠消費支出的增加。試觀臺灣，多年以來，對經濟成長率貢獻最大的是出口，而不是消費支出。世界上，凡是工業化國家對經濟成長貢獻最大的是消費支出。在臺灣，就是因爲所得水準未提高，消費水準也就無法提高起來。

服務業的範圍十分廣泛，衣、食、住、行、娛樂都是服務業發展的空間。當一個人的基本生活滿足後，對衣、食、住、行、娛樂的要求就會改變。其中旅遊業的範圍最廣泛，泰國、新加坡的年收入，有很大的比例是來自旅遊業，我們鄰近的香港和澳門，更是靠旅遊業的收入支持政府的財政支出。像澳門，每年就有二千二百萬人次的旅遊，使澳門的個人所得由遠低於香港，而於近兩年已超過香港。香港的旅遊人次每年超過三千萬人次，可知其收入有多龐大！臺灣呢？每年有一百多萬人次旅遊，就沾沾自喜，與鄰國相比，豈不汗顏？如果臺灣每年有三千萬人次的旅遊，可創造多少就業人口？又提升個人所得該多高？這些事例，足可說明旅遊業的重要性。只要政府有計畫、有決心地去做，相信很快就會縮短貧富差距。

毛毛蟲蛻變才能成花蝴蝶

產業篇

1 產業政策的盲點

產業包括的範圍很廣，習慣上分農業、工業和服務業。按與人民生活關係直接與否，可分為民生產業與非民生產業；按進步程度又可分為傳統產業與科技產業。其實，這些分類都有局限，也不盡科學。在本文中，我要討論的問題是：自一九六〇年代以來，臺灣產業政策是否都正確無誤？尤其自進入二十一世紀，臺灣所發展的產業都是臺灣人民所需要的嗎？對於這個問題，不妨從「獎勵投資條例」和「促進產業升級條例」所強調發展的產業作為檢討的起點。

一、產業政策的目的

產業政策是指政府運用賦稅政策、金融政策和行政措施，使所設定的產業發展起來；而發展起來的產業能夠創造就業機會，使人民的基本生活獲得滿足。如果所發展的產業不能創造較多的就業機會，不能使人人獲得基本生活的滿足。這種政策就值得檢討，甚至必須改弦更張。

多年以來，政府的產業政策是獎勵高科技產業的發展，從一九八〇年迄今，高科技產業之發展一直是產業政策的重心。爲使產業的生產技術不斷升級，發展高科技產業是值得鼓勵的。問題是：不能忽略傳統產業的發展。可是多年來，傳統產業一直被視爲落後產業或夕陽產業；不少學者及政府官員認爲：應讓它自生自滅。由於這種無知的忽略，導致了一九八〇年代後期，許多傳統產業爲了生存只有遠走海外，成了典型的遊牧民族。當它們離開臺灣後，也拋下一批一批的失業勞工。這些失業勞工就成了國家沉重的負擔。如果政府有計畫地訓練他們具一技之長，使臺灣產業能吸收他們，進入生產行列，合力推動臺灣產業的發展，就值得喝采。

二、高科技產業揚眉吐氣

臺灣在高科技產業發展方面，自一九九〇年代以來，便開始爲臺灣產業在國際上開拓一片天地，於是益增政府繼續獎勵高科技產業發展的信心與決心。可是，當我們冷靜檢討這個政策時，我們發現有些問題爲政府所忽略：(1)高科技產業不能創造更多就業機會：北、中、南三個科學園區究竟爲臺灣創造了多少就業機會？據統計只不過十八萬三千人，在臺灣總就業人口中，究竟占多大百分比？按二〇〇七年，臺灣總就業人口爲一萬零二百九十四千人，一百八十三千人占百分之一．七八。⑵高科技產業是繳稅最少的產業，它的間接稅占總收益的千分之四，也是微乎其微。⑶高科技產業卻創造了不少科技新貴，他們成爲臺北豪宅（一百萬元／坪以上）的購買者，成爲「M型社會」的催化劑。如果更深一層觀察高科技的技術層次，它們仍囿於OEM和ODM生產模式，對縮短製程有很大貢獻，除此，創新的貢獻就不顯著。到今天還製造不出具高性能的汽車引擎和飛機引擎，致在微笑曲線上，仍處於微利的製造階段，既升不到創新、發明階段，也升不到在外銷上運籌自如的階段。

相對地，臺灣的產業政策對傳統產業作了些什麼貢獻？它們不能到科技院區設廠，享受各種優惠待遇，它們只能散布在區外各地，負擔較高的外部成本，繳納較多的租稅，但它們卻僱用較多的勞工，由於技術不夠進步，很容易被時代淘汰；面對這種現實，它們雖兢兢業業，但要想永續發展，卻相當困難。如果政府的產業政策也眷顧它們，它們一定也會爲社會繼續創造更多的就業機會。

我並不反對發展高科技產業，卻不忍看到使傳統產業自生自滅的產業政策。就像一對父母養育了兩個兒子，到晚年眞正能養父母的卻是留在身邊被視爲不爭氣的兒子，倒不是留學海外有顯赫事業的博士兒子。

三、命運如棄兒的小企業

在傳統產業中，中小企業占最大的比例，對於中小企業，雖然政府設有中小企業處、中小企業銀行等扶助中小企業的發展，但數十年來，政府輔導政策所及的範圍是中型企業，而不是小型企業。中型企業中多能提供資產負債表和金融報表，但小型企業多以家族企業爲經營模式，不具備貸款必需的條件，因爲他們連本帳簿都沒有，生產成本和收益都裝在老闆的腦海裡，老闆就是企業主，其家庭成員也就是企業裡的員工，家庭與公司分不清楚。他們的資金來源，除了家人儲蓄，就是向親友告貸等。他們的融資方式不是通過銀行，而是求助於地下金融公司，所付利息數倍於由銀行貸款所付利息。爲了降低成本，不是偷工減料，就是抄襲，或生產膺品。

由於負債重，能夠繼續經營下去的小型企業，爲數不多，能夠蛻變成中型企業者更是鳳毛麟角，雖然小企業能創造很多就業機會，但由於不能解決融資問題，便成了決定生死的關鍵因素。凡能解決融資問題的小企業，絕大部分能發展成中型企業，再變爲大型企業。我們看到鴻海集團的老闆，其所經營的企業，在二十多年以前，還是名不見經傳的小型企業，經過二十多年的慘澹經營與不懈的奮鬥，於進入二十一世紀時，其經營規模之大，在臺灣企業中便成爲企業的龍頭。

政府對於小型企業應另有一套規範。在它申請設立時，它的老闆必須通過初級會計考試，熟悉資產負債表、金融報表的編製，讓他們也有機會從銀行貸到所需要的經費。同時，政府有關單位對小企業的經營，應給予技術上的指導與支援。如果小企業能發展起來，它會創造更多的就業機會。人類生活範圍是很廣的，它能容納並支持無數的小企業的發展。

四、傳統產業也有亮麗的明天

對於傳統產業，我們應爲臺灣找出具潛力的產業。爲此，政府的產業政策應結合民間智慧、知識，合力發掘具潛力的產業。首先，要看看在過去已存在的產業中，有哪些尚具發展潛力？如臺灣的文化產業、休閒產業、健康照護產業、觀光產業等等，並重視其群聚效果；同時，對不存在的產業，也可創造出新的產業來。基本問題在於：臺灣的教育尚沒有同產業發展密切配合，教育是教育，產業是產業，兩者並無交集，這是過去數十年來的老毛病。尤其近十多年來，這個毛病已演變成致命的癌。試問，目前臺灣有哪幾種傳統產業具國際競爭力？我們的教育體系中，有哪幾個科系是與產業密切合作？

近十年來，我們看到韓劇「大長今」爲韓國創造了許多難以想像的就業機會，也爲韓國創造了許多外匯。上海的「新天地」是傳統與現代的結合，故能創造出更耀眼的業績來。中國成衣業的剪裁技術與模特兒可以走上世界舞臺，爲中國的成衣業擴展領土。義大利的皮鞋，價格雖貴，卻爲世界各地所歡迎。近年來，臺灣的自行車業執世界之牛耳，因爲它的設計適合各種環境，各種用途，故在銷路上已占三分之二的世界市場。其實，好好發掘臺灣，具潛力的產業在哪裡？如果能使臺灣傳統產業也具高科技的成分，我相信它們在世界舞臺上，也可嶄露頭角。例如鶯歌的陶器、三義的雕刻、大甲草蓆、草帽等傳統產業，如能注入新的生產技術，新的設計，也能在國際舞臺上一展身手。

五、產業政策應走的方向

產業政策設計者，不宜蕭規曹隨，追隨不合時宜的產業政策，繼續浪費國家資源；要改弦更張，別出心裁，爲傳統產業創出「新天地」。爲此，我建議政府宜考慮設立一個潛力產業發展諮詢委員會，由全國各界創意領袖組成，每年召開一次爲期三天的研討會，討論出結論後，再研擬執行。同時也歡迎全國人民提供意見，由專人負責歸結，作爲研討會討論的一部分。我相信衆志成城的道理。

六、產學合作開創新天地

前面談到臺灣的高科技產業，在性質上，屬於代工模式。既然臺灣的學術界，特別是科技界，每年申請專利權獲准的件數，名列前茅，例如二〇〇八年臺灣專利生產力，名列全球第二；二〇〇七年全球知識經濟指數爲全球第十九名。可是，爲什麼無法運用到生產工具的創新上面？這是個待解的謎。如果這些優良的表現，也在生產設備上具體表現出來，我們產業的生產位階會上升到創新與發明的位階，像日本與美國。惟能如此，臺灣企業在世界上才能有揚眉吐氣，永續發展的機會。

2 科技產業亟需脫胎換骨

科技產業的名稱很籠統，也很難給予確切的定義；與其同義語的，爲電子資訊業、網絡業等。這個產業是政府自一九八〇年以來積極推動的產業，也是歷屆執政當局引爲自豪的產業。政府寵它、學術界呼應它、老百姓羨慕它，它成爲近三十年來最受重視的產業。相對地，傳統產業就像後娘的孩子一樣，乏人照顧，自生自滅。「獎勵投資條例」照顧不到它，「促產條例」也看不到它。因爲在一般人的心目中，惟科技產業才有顏面，也才是提升爲先進國家的招牌。

十多年以前，就有企業家提出微笑曲線（Smiling Curve），來描述臺灣科技產業的處境。這個論調是一大發現。一般人只是輕描淡寫的，認爲這個論調很有趣而已。按理，科技產業的老闆們該重視這個論調，想辦法脫離製造過程中的代工模式（OEM、ODM）；而政府也該重視這個論調，在獎勵條例修訂時不要再在大企業壓力下，因循苟且。很不幸，網絡泡沫於二〇〇〇年第三季在美國爆破了，瞬間影響到臺灣科技產業的訂單、出口和生產；到二〇〇一年，便影響到臺灣經濟的成長率，由正值變爲負值（百分之負二・二），破五十年來臺灣經濟保持正值成長之紀錄。這一慘痛的教訓，並未使當局及科技企業有所警惕，認爲這個風暴過去了，又是晴空萬里，政府的獎勵措施沒有因應這種變局而改變，復又在南科、中科設站，因循以往的慣例來發展所謂的科技產業。

近年來，我一直懷疑一個問題：在過去十五年（一九九三至二〇〇七）平均經濟成長率爲百分之五・一，而最近八年（二〇〇〇至二〇〇七）平均經濟成長率爲百分之四・一，按說這樣的經濟成長率並不算低，但爲什麼臺灣的軍公教人員的待遇還停留在十五年以前的當期水準？至於其他薪資階層的待遇所增也有限。如果論及實質所得，在過去十五年消費者物價上漲百分之二十二・七，也就是說，軍公教人員的待遇會下降很多。

到底那百分之五或百分之四的成長，是由誰獨享？這個謎一直困擾著我。如果這樣發展下去，經濟成長率對一般社會大衆就沒什麼意義了。我們觀察國內生產毛額的處分帳，它包括受僱人員報酬、營業盈餘、固定資本消耗和間接稅減補助金，其中以受僱人員報酬和營業盈餘占最大比例，合計占國內生產毛額的百分之八十，而營業盈餘約爲受僱人員報酬的百分之六十七。茲以一九九六至二○○五年的資料而言，固定資本消耗的成長率平均百分之七．九八，營業盈餘爲百分之五．八七，而受僱人員報酬爲百分之三．四六。固定資本消耗是構成經濟成長率很大的份額，而營業盈餘所占份額也很大。無論過去十五年或八年，所產生的經濟成長率，此兩項占很大的比率。相對地，受僱人員報酬所占比率就不大了。

更令人奇怪的是：據最近國際上發表的研究成果，無論是科技論文發表篇數或專利權件數，臺灣的名次都比法、德國家爲高，按說如此傑出的研究成果，爲什麼在產業創新、發明、或品牌及銷路方面，卻沒有顯著成果？如果有創新，我們的科技產業就不會以代工爲生產的特長。最可憐的是，外銷仍掌握在外國人手中，如果外人不給訂單，我們生產就停擺，也因此，科技產業發展所需要機器設備和零組件生產，主要掌握在外商之手，眞是情何以堪！

最近十年以來，臺灣成立了許多科技大學，而科技大學密度之高也勝過歐美科技先進國家。可是科技大學的教育與科技產業的關係似乎不夠密切，或者說，很多科技大學是有名無實。爲了招攬學生，增加學費收入，乃以「科技」作招牌；但教的內容及所培植的碩士生與博士生，對科技產業似乎都派不上用場；像這樣的科技教育對臺灣經濟發展又有何關聯？

問題在於政府的獎勵未對症下藥，而科技產業的因循作風也無法提升技術水準。每年尾牙餐會，我們看到科技產業的老闆發紅包動輒上千萬元，而尾牙餐會上，主持人的待遇也高達五百萬元或一千萬元；一首歌，酬勞一百萬元，出手之闊綽，令人咋舌。這表示科技產業是賺錢的，不然，科技新貴怎會有能力去購置億元以上的豪宅？

自二〇〇七年下半年以來，華爾街刮起金融風暴，於二〇〇八年夏也吹到了臺灣。首當其衝的是臺灣金融業、保險業、證券業，但一般人不會想到科技產業會首先宣告危機，於是生產DRAM及面板企業紛紛向政府求援，其他科技產業不是收益被腰斬，就是解僱員工求自保，致科學園區的失業率較其他地區爲高。在此次金融狂飆侵襲中，其所表現的，尚不及未被政府青睞的傳統產業。事實上，自二〇〇〇至二〇〇一年網絡泡沫破裂以來，科技產業就漸漸失去優勢，且呈現欲振乏力之窘態。行政院主計處所公布的二〇〇六年工商業普查結果，同上一次（二〇〇一）的普查結果相對照，很多數據顯示，科技產業的表現及其在應付經濟危機時，有力不從心之窘態，而且在很多方面尚不如傳統產業的表現。如利潤率、生產要素對生產毛額成長貢獻率，平均每員工生產總額增長率，平均每元實際運用資產總額增長率，按要素成本生產淨額中企業報酬增長率等方面，科技產業均不如傳統產業。我們實不忍見科技產業會變成夕陽產業，使三十年的獎勵成果付諸東流，爲此，不得不提出這個問題，請執政當局重視。針對科技產業所面臨的困境，我們希望政府的獎勵措施，科技企業的作風，均應改弦更張。同時，爲改變這種局面，必須下定決心，趁西方先進國家的科技產業紛紛裁員之際，破除在地化的格局，從世界各地引進我們所需要的科技人才，使臺灣產業躍出代工生產的傳統，在創新上有所突破。同時，惟使科技大學的教育與產業發展密切配合，才能使科技產業紮根。

3 「產業政策」是種自慰行爲

在一般市場經濟的國家，是沒有產業政策的，發展任何產業是民間企業自己的選擇。政府爲振興產業發展，除採取金融政策外，就是租稅政策，像英、美等國家；在計畫經濟國家，無民間企業的存在，發展任何產業，都是由政府決定，像一九八九年以前的蘇聯及東歐共產黨執政的國家，以及改革開放前的中國大陸。除此，尚有一種是混合性經濟的國家，如臺灣、韓國，基本上雖是市場經濟，但政府對重要（或策略性）產業的發展，仍扮演主導角色。近二、三十多年以來，臺灣自我標榜爲市場經濟，但對產業發展方向，政府從未完全放棄主導權；儘管發生的效果有限，仍樂此不疲。這種現象，該是政府的一種「自慰」行爲。

一、制定「產業政策」之濫觴

在一般開發中國家，在啓動經濟發展策略初始，所面臨的情勢是民間無大企業，而一般企業不過是中小企業，他們對發展重大產業無概念，況且無足夠的資本，故不敢嘗試。而政府行政官員多是社會的精英，他們會觀察到重要產業發展的趨勢，及本國應發展的產業，因而有「產業政策」之擬定與執行；惟在政府獎勵與指導之下，民間企業才有信心推展某些較大產業的發展。例如一九五〇年代，政府接受美援；而美援的運用，通常須經美國政府的同意。像石化業，在當時的王永慶尙是中型企業的老闆，由於美援會的推介，他才有機會利用美援，著手發展石化業，而後才成爲臺灣塑膠業的龍頭。至於在當時臺灣業界所發展的勞力密集產業，並不是由政府設計的，而是民間企業自發的。由於民間中小企業都缺乏資本，只有發展勞力密集型產業。復由於國內市場狹小，胃納量有限，它們便尋求出口的機會。經過多次嘗試之後，才找到外銷通路。在此期間，政府所扮演的角色是開放產品出口，降低出口商品的關稅；爲了降低業者的生產成本，也逐漸降低進口關稅。

二、政府所主導發展的產業

一九四五年日本投降後，曾留下許多產業轉由接收敵產的中華民國政府來經營，其中以金融業爲最多。除此，菸酒專賣、電力、樟腦、水泥、糖業、工礦、農林及紙業等，這些產業在臺灣經濟發展初期，確曾扮演相當重要的角色。直到一九八九年政府才決心推行公營事業民營化政策，迄今已有二十多家公營事業民營化，如中石化公司、中國鋼鐵公司、台肥公司及多家公營銀行。當這些公營事業被民營化之後，政府的產業政策對它們的影響力便微不足道。惟鑑於兩次石油危機，不生產石油的臺灣所受的創傷是很大的，於是決定興建核電廠，以減少對石油的依賴，同時鼓勵某些產業發展。

其實政府在一九六〇年代後期，即重視投資環境的改善，例如一九六六年設置高雄加工出口區，其主要目的是吸引外人投資，拓展對外貿易，這也是開發國家中建立加工出口區最早的範例。政府又於一九八〇年創立了新竹科學園區，再就是於一九八二年政府訂定「策略性工業之適用範圍」，根據「兩大、兩高，兩低」（產業間關聯效果大，市場潛力大；技術密度高，附加價值高；能源係數低，污染程度低）。選定資訊電子業及機械工業爲策略性工業，由民間發展，由政府依據「獎勵投資條例」獎勵之。

儘管到了一九八〇年代，規模大的企業才漸漸在臺灣出現，但執政當局仍不放棄主導新興產業的發展。例如一九九一年政府在「國家建設六年計畫」中提出未來十年，適合臺灣發展十大新興工業及八項關鍵性技術，包括通訊、資訊、消費性電子、半導體、精密機械與自動化、航太、高級材料、特用化學及製藥、醫療保健及污染防治高科技產業，由政府協助，在民間研發及設廠投資；後又鼓勵生物技術與製藥工業發展。這些產業是當時在國際上最受青睞的產業，所以政府鼓勵其發展。

三、在經濟發展過程中，政府角色之演變

一個國家的經濟，從落後狀態發展成進步狀態，政府確曾扮演重要角色。如果沒有一個有使命感的政府，這個國家的經濟僅憑一些烏合之衆，是無法使經濟從落後進展爲進步的狀態。對這個問題，多年前，我曾將臺灣政府在臺灣經濟發展過程中，所扮演的角色分三個階段：

(一)政府主導產業的發展，如一九五〇年到一九七〇年，在此階段，民間企業以中小企業爲主，而且少數小型企業漸漸形成中型企業、中型企業能夠蛻變爲大企業的爲數不多。在此階段，國家的精英主要集中在政府機構，而民間企業尚僱

不起具大學程度的幹部。在當時，大學畢業生不是經高、普考及格進入政府單位，就是經特種考試及格進入公（國）營事業單位。

(二)政府對產業的發展扮演指導的角色，如從一九七〇年至一九九〇年，不少大型企業，不但發展出一套自主的經營方式，而且也有了相當大的規模，有需要、也有能力僱用大學畢業及研究所程度的幹部。在此階段，政府對產業的發展，僅具指導的角色，而且這個角色愈來愈不受重視。

(三)大體說來，一九九〇年以來，政府對發展產業的指導功能已式微，一般企業對產業的選擇均有其自己的看法，政府對產業的發展，唯一的功能是提供一個優良的投資環境，而這個環境不僅使國內的企業有自由發展的機會，也使外國企業在國內也有發展的機會。所謂優良的投資環境，包括完備的公共設施、具高效力的政府行政、社會安定、企業自由進出國境不受限制，同時不虞匱乏的人力供應。在這種情況下，政府的指導功能對企業的發展已無什麼意義了。

況且今日的政務官都很忙，每天都有開不完的會議，而且在立法院開會期間，還要坐鎮立法院，接受質詢，致政務官在辦公室辦公的時間，不是提早，就是趕晚，既沒有私人生活，更沒有渡假的機會。在這種忙碌的情況下讀每日新聞，只能走馬看花；至於讀委託研究報告，更挪不出時間讀洋洋灑灑的大篇文章，能讀摘要已經是不容易了，更遑論對未來的產業發展會有什麼高明的概念。事實上，今天的企業家已不是當年的「吳下阿蒙」，他們中，接受碩士教育的人很多，即使博士，很多執行長多具備博士資格，他們對國際情勢及產業發展的了解程度不比政務官來得差，況且他們在競爭激烈的市場上，大都是身經百戰、閱歷豐富的人。

四、政府對產業發展應努力的方向

在市場經濟的社會，經濟循環的輪替是伴隨而來的，而且循環的速度有愈來愈快之勢。就以臺灣而言，一九九〇年泡沫經濟崩潰，使臺灣經濟一度陷入蕭條之境，不僅股市身受重傷，而房市也有很長一段時間萎靡不振。到了二〇〇一年，網絡泡沫潰散，臺灣所強力發展的電子資訊業身受重創，它的國際指標—那斯達克股價指數從二〇〇〇年第三季五千二百多點曾下降至一千七百多點，迄二〇〇八年未爬升到三千點；到了二〇〇八年九月金融海嘯襲擊所有已開發國家及新興工業化國家，使其經濟一蹶不振。這些受創傷國家的政府無不伸出它們的手，拯救危如累卵的經濟，如擴大政府支出，對受困的金融機構施行紓困措施。到二〇〇九年底，這些受災難的經濟才穩定下來，而且有了復甦跡象。

自進入二十一世紀，先後不到八年的時間，臺灣經歷兩次經濟蕭條，而在蕭條情況下，表現最差的，就是政府在過去三十年來所極力培植的十大新興產業，特別是電子資訊業。至於被「產業政策」遺忘的傳統產業，反而未帶給國民經濟如此嚴重的創傷。這種慘痛的教訓值得執政者深思。

五、結語

今後引導產業的發展，不再是政府的專業，而是社會各界精英的責任。經驗告訴我們：產業之重要性，不在於它的新穎，而在於它與民生的密切程度；凡與民生最密切的產業，對它的需求永遠是存在的。對於產業競爭力的提高，則寓於人才的培植、引進及其專業能力的不斷提升；政府在這方面所扮演的，是滑潤油的角色。

4 「委外」是個食餌？

一、什麼是「委外」？

約在二十世紀末葉，「委外」（out-sourcing）才逐漸成為新聞用語，在一般教科書上，尚找不到這個名詞。可是自進入二十一世紀，「委外」便變成一個十分響亮的名詞，因為它帶給委託企業以豐厚的利潤，裝滿企業執行長的荷包，同時也為受委託的企業創造了大量的就業機會，從而提高了他們的所得，表面視之，它為委託企業和接受委託企業均增加了收益，豈不是供需雙方皆大歡喜的生意？

二、「委外」所需的條件

在一般已開發國家，由於工資水準差不多，很難產生「委外」這種行業，如美、日、德、法。可是在已開發國家和開發中國家間就較易產生這種商業行為。「委外」

之成功需要幾個條件，惟具備這些條件，「委外」才對雙方有利。

(一)全球化的國際環境

惟在全球化的條件下，生產的產品故可在國際間自由流動，而生產要素亦可在國際間自由移動，如資金可自由移動，不受任何限制，而且國與國之間無保護措施所築成的障礙；勞力也可以自由移動，不會受到歧視待遇。

(二)e化的條件具備

無論委託的國家或接受委託的國家，e-mail自由交換，所謂互聯網（internet）通行無阻。像美國與印度的關係，或美國同臺灣的關係。委託企業利用e-mail可在傍晚下班前，將要完成的設計工作以e-mail傳至印度，當印度的企業，接到這份e-mail之後，可馬上吩咐技術工作者去完成，通常在當天傍晚就會完成這項工作，傍晚下班前將完成的設計工作傳回美國。換言之，若無此種傳遞方式，至少要一週的時間，才能完成一項委託設計工作；可是由於e化的效率，一夜之間便可完成了。這對美國的委外企業而言，不但省下了時間，也省下了金錢。其實，這種高度的效率，也就提高了委託企業的競爭力。

(三)受委託的企業，其工作人員必須能熟練受委託的工作及其所需要技術水準。同時對國際通用語言也能掌握運用，尤其是英語。

㈣兩國或兩地區工資差異比較大，方有「委外」工作的利益，如其工資差異不大，「委外」工作便失去它的必要性。

三、「委外」會爲委外企業造成失業

由於「委外」利益豐厚，卻肥了委外企業的董事、執行長（CEO）。近十多年來，CEO的待遇爲普通工人待遇的數十倍，甚至百倍，這是自工業革命以來罕見的現象。在「委外」未流行時，CEO的待遇不過是一般工人的六、七倍，「委外」發展之後，不但爲CEO創造了優渥的收入，也爲他們的企業創造了大量的失業。凡「委外」最流行的國家，可能是失業率最高的國家。

至於接受「委外」工作的企業，不但增加了就業機會，也增加了員工的收入，凡有能力接受「委外」的企業，無不生意興隆，財源滾滾。

四、接單生產也是一種委外行爲

接單生產表示負責生產的企業，自己無直接訂貨的客戶，但有訂貨的大老闆，他們掌握分散的訂貨客戶，或者他們有自己的銷路。接受訂單生產方式，不論是「OEM」或「ODM」都是對訂貨的老闆負責，不對分散的客戶負責。如果訂貨老闆無訂單，受託企業只有停擺，幾無其他任何選擇。一般而言，訂貨老闆，通常對受託廠商有嚴格的約定，如果向你訂貨一萬個單位，你只能生產一萬零數百個單位，那數百個單位是防備貨品有瑕疵，或貨品遭損害時，更換或補充之用。訂貨老闆的這項規定是爲了防止訂單生產企業利用訂單生產之後，再爲自己銷售生產，因邊際成本低，可以低價出售，這會與原訂貨企業的利益有衝突。

二〇〇八年下半年與二〇〇九年上半年金融海嘯最嚴重的時候，臺灣的面板業生產幾乎完全停工，若非大陸執行家電業下鄉政策，來了些訂單，得以生存下去；否則臺灣面板業廠商會成爲金融海嘯的祭品。

這種接單生產方式，通常是微利生產，因爲訂貨企業會將定價壓得很低，有時接單生產，並不完全在首先接單企業完全完成生產程序，因爲考慮到工資問題，接單企業會將尚未完成的生產程序，移至工資更低的國家去完成，這就形成了供應鏈體系。這種利用低工資完成的生產程序，自然會爲企業主賺來大量的利潤，所以「肥貓」現象便產生了。

五、委外是觸媒劑

凡接受「委外」生產的開發中國家，也了解到自己受委外的原因，因不甘心長期

接受「微利」的訂單生產，也會自謀出路。藉著有經驗的留學返國工程師及國內訓練的科技人員，結合在一起，設工廠，從事電子產品、資訊產品的鑽研與生產。因爲所僱工人的工資低，而工人又可超時工作，所以製造出的產品價格格外低，在國際市場上，便有了競爭力，可大量出口到已開發國家，由於價格低，已開發國家往往不是它的競爭對手。由於已開發國家的中產階級，經過數次金融危機，被削弱了購買力，從而對開發中國家輸出的產品獨有偏好，儘管品質較差，但因價格低廉，爲已開發國家的中產階級及低所得階級創造了消費者剩餘，使他們有餘力，可以購買國內較貴的產品。

六、開發中國家與已開發國家間的貿易

凡以出口爲導向的開發中國家在與已開發國家間進行貿易時，往往爲已開發國家造成入超，爲開發中國家造成了出超；出超一旦累積多了，便成爲已開發國家報復的藉口，一則是藉「徵傾銷稅」來報復，一則是造成政府間的談判。入超國要求出超國：(1)貨幣升值，幅度愈大愈好；(2)工資大幅上升；(3)大量開放進口。先就開放進口而言，入超國所輸出的往往不是出超國所需要的產品。出超國爲了給入超國一個面子，只有忍氣吞下去，使其變成垃圾來處理；再來就是工資大幅上升，這完全是不

合理的要求，入超國多是開發中國家，由於窮，工資低是難免的現象；如果違背市場原則，硬將工資提高，則所生產的產品，在國內賣不出去，輸出國外也有困難。況且由於產品價格大幅提升，在國際市場便失去競爭力，對出超國而言，這是件辦不到的事。最後是要出超國的貨幣升值，這是入超國最希望的一條解決入超問題的途徑，因爲貨幣升值了，出口競爭力便下降了，同時入超國的進口品價格貴了，從而便會達成減少入超的局面。更重要的是：過去出超國憑勞力賺來的外匯便大幅縮水了，如果貨幣升值百分之五十，過去所累積的外匯資產便丟了一半。對入超國而言，這是何等便宜的事。

七、從短期看「委外」是推動開發中國家經濟成長的引擎；從長期看「委外」只是利用你廉價的勞力，餵飽其「肥貓」的一條途徑。

如果不要走進入超國布下的陷阱，出超國就應妥善運用賺來的外匯存底，使它成爲培植創新環境，激發生產力的媒劑，優化國內人文與自然環境，建立社會安全制度的基石。如果聽任外匯存底的量增加，表面上看，是富有了，其實，它才是股市泡沫和房市泡沫繁殖的溫床。世界上，幾乎沒有泡沫不破滅的，一九九〇年日本和臺灣泡沫經濟崩潰，使日本二十年的經濟成長失落，也使臺灣經濟的景況一天不如一天。這種慘痛的教訓，能不虛心領受嗎？

夜來風雨聲，花落知多少？

經濟學者篇

1 經濟學者知多少

身爲一位經濟學者，竟然提這個問題：「經濟學者知多少？」，到底是自暴其短，以博取社會的同情，還是確有些道理？

一、經濟學者的預言受限

大體上，經濟學者可分爲兩大派：一派爲學院派，即在大學中受過正式經濟學教育的學者；另一派爲非學院派，即非經學院訓練的社會知識分子，他們經濟學知識，主要來自各種媒體。前者重傳統，後者重時尚。關於學院派，也分爲兩支：一支爲純理論派，另一支爲實證派。純理論派主要是以數學模式表達經濟關係；而實證派主要是用統計資料將經濟事件的原委有系統的表達出來。純理論派也被視爲玄學，即不食人間煙火的學問，追隨的學者不多，可是在臺灣經濟學界卻是當權派，不論哪一派都有其產生的背景及在學術界的地位。

近年來，由於經濟環境變化很大，而發生的頻次也高，一般社會大衆對經濟學者的期望也跟著提高。他們總認爲經濟學者一定是精通經濟問題的專家，所以希望從經濟學者口中得到：明天的經濟情況。但是，對一般經濟學者而言，對過去發生過的經濟現象，講得頭頭是道，但是對未來所知有限。儘管「山雨欲來風滿樓」，但何時山雨會來到，雨勢會有多大，即使氣象專家往往也會預測錯誤，因爲影響山雨的因素很多，如果對其中一個因素的影響把握不到，所作的預測也會有誤差。如二〇〇四年在印尼馬爾地夫所發生的大海嘯，與二〇〇五年在美國紐奧良發生的大海嘯，均曾造成人財的兩大損失。在發生前，沒有人曾預言，大海嘯的來臨以及其所造成的損失，美國的科學雖發達，也無濟於事。

況且經濟問題較氣象問題更複雜。通常所謂的經濟權威，對重大經濟事件的發生，在事前多不說話。例如一九三〇年發生的經濟大恐慌，二〇〇八年發生的金融大海嘯，在事前也是，幾乎沒有任何經濟權威表示：全球性的金融大海嘯即將於二〇〇八年爆發，即使自一九六九年世界上開始有了諾貝爾經濟學獎，而得獎者迄今已有五十多位，他們多保持緘默。爲什麼？因爲一旦預測不準，對他的權威地位不利。他們就像廟中的菩薩神像一樣，不管你的祈禱多虔誠、多懇切，菩薩總是默默無語。

二、經濟學者的知識受限

實證經濟學派觀察經濟現象，通常是根據有關的資料，包括文字資料和統計資料，對於文字資料需要經過檢驗，它是否含有偏見，或過於渲染；對於統計資料，也要判別它的代表性和一致性。他們從事經濟預測時，對於趨勢的了解較有把握；對於對轉捩點的發生時間，仍然無把握。至於純理論派，他們對經濟事件的過去固了解不多，對經濟事件的未來，可說一無所知，他們總認為X+Y=Z是天經地義的事。

不論哪個學派，當他們說明一種經濟現象的流變時，通常先設定兩個假定條件：一為人是理性動物，一為其他條件不變。有了這兩個假設條件，無論是演繹出來的理論，或歸納出來的理論，在解釋經濟現象時，才有解釋能力，可是這兩個假設條件是難以存在的。所謂「人是理性動物」的假設就不實在，因為人是最複雜的動物，在很多情況，他是不理性的，他隨時會變，從而失去理性；失去理性的「人」會作出很多想像不到的事來。例如貪婪，就是人性的一部分，當貪婪的意念戰勝了「利他」的念頭，這個人就會做出不理性的行為來。像企業造假帳，以欺騙政府和股東，使企業與社會均蒙受重大損失，這就是失去理性所做出的不法行為。至於「其他條件不變」的假定，更是難以兌現。例如國際經濟情勢隨時都會變的，決策者的情緒也會變的。這些現象都會衝破「環境不變」的屏障，影響經濟現象的發生與轉變。就一國股市而言，在理論上，它的變化取決於⑴一國，或一區域經濟大環境的變化；⑵發行股票公司的財務健全程度；⑶發行股票公司所經營事業的遠景是否樂觀。這是決定股市變動的基本條件，可是一國之政治環境也很重要。如社會上發生暴動，當政者的不當言行都會影響股市的變動。對於影響股市的種種因素，誰能掌握？可說無人能一一加以掌握，也就是無人對股市的走向作準確的預測，況且經濟問題所包含的範圍比股市更大、更複雜。

三、經濟理論說明能力受限

經濟理論主要來自兩個來源：一個是歸納法（induction），即根據以往所發生的經濟現象作科學性的歸納，然後得出一個簡單的結論，用以說明類似的經濟現象；另一來源爲演繹法（deduction），即從個別的事實或樣本梳理出一個通則來。自有經濟學以來，絕大部分的經濟理論是來自已發生的經濟現象，而已發生的經濟現象有其時代背景，也有其發生的原因；當時代變了，由歸納而產生的經濟理論往往不能有效地說明現在所發生的同類現象。也就是說，很多時髦的經濟理論多不能「放諸四海而皆準」。

例如投資與利率的關係。在正常情況，投資是利率的函數，即利率升，投資會下降；利率降，投資會增加。事實上，並不完全如此，例如一九九〇年泡沫經濟崩潰後的日本經濟，其利率降低至零的水準，投資並無起色；再如二〇〇八年的臺灣，利率降至百分之一以下，投資亦無起色。因爲投資者所重視的，主要爲所經營的事業前景是否有利可圖，而經濟大環境是否已脫離不景氣的谷底而正走上復甦之路；再如聞名二十世紀後半期的菲利普曲線（Phillips Curve），它是綜合一八六一年至一九五七年英國失業現象與物價變動的關係所得出的結論：即失業率攀升時，物價會處於較低水準；當失業率偏低時，物價水準會上升，亦即失業率與物價呈反向關係。這個定理到二十世紀末期和二十一世紀初期，便失效了，在這兩段時間，失業率很低，但物價也很低，此現象不僅日本是如此，臺灣也是如此。自全球化以來，石油價格猛升，便成爲通貨膨脹的主要原因；當石油價格暴跌時，通貨膨脹又馬上消失了，然而失業率卻居高不下。

四、經濟學者的政策建言受限

每當經濟有巨大變動時，一般社會大衆都希望經濟學者能站出來，爲挽救經濟的衰退，能向執政當局提出有效的對策來。可是滿腹經綸的學院派經濟學者多保持緘默，但對經濟問題並非精研的非學院派學者卻能提出他的宏論來，即使他的宏論不一定切實。爲什麼？因爲學院派經濟學者需要的是充足的資訊，如果手邊沒有充足的資訊，他就不敢放言高論，怕有損他的學術地位。事實上，在今天作政策獻言，如果對所面臨的經濟問題沒作過研究，對當前國內外有關資訊掌握的不夠充分，則會影響政策獻言的正確性。況且今天執政當局的決策階層亦非昔日阿蒙，他們也曾是學院出身，而對經濟問題有過研究的學者。

五、結語

到底經濟學者對經濟問題知多少？由於受了前面所說的四種限制，經濟學者對過去的經濟問題了解的比較多、比較深，談起來會頭頭是道，但是對未來經濟問題發生的準確時間所知也是有限的，不過他們對「山雨欲來風滿樓」的感受比一般人要敏感些。

2 經濟學者應有的反省

重要的經濟理論都有其產生的時代背景，惟在那個時代背景下或類似的時代背景下，它對所發生的經濟問題才有說明能力和解決功能。像一九三〇年所發生的經濟大恐慌孕育了凱因斯的有效需求理論，而且這個理論成爲戰後三十年新興工業化國家達成經濟起飛而至快速成長的政策指導。

二〇〇七年七月，在美國爆發的次貸風暴，瞬即演變成世界性金融大海嘯；到二〇〇八年下半年，便衝擊到世界各國。無論已開發國家或新興工業化國家的經濟無不受到波及。凡全球化程度高，而對外貿易爲經濟成長動力的國家，所受到的衝擊較嚴重。雖然迄今，尚未在世界各國見到拯救經濟的有效對策，但可想像到，在預見的未來，經濟學界必會有新的經濟思想出現：到底是凱因斯思想的復辟，或修正的自由經濟制度出現，或其他可使經濟復甦的思想問世？

自一九八〇年代以來，經濟自由化和國際化的風氣甚囂塵上。許多已開發國家大都將國營事業民營化，認爲民營化的企業最具生產效率，也最能達到利潤最大化的目的；再加上全球化浪潮的湧起及e化產業的迅速擴展，到二〇〇〇年，國際經濟關係可說已達到「天涯若比鄰」的境界。芝加哥學派所強調的經濟自由化，不但成爲經濟理論的主流，而且也是許多國家制定經濟政策所依循的規範。爲了取代政府的監管，各企業本身多採行公司治理機制，而且有位居要津的經濟學者認爲企業自我管理較政府監管更爲有效（前美國聯準會主席葛林斯潘曾有此主張）。同時爲了取代政府監管，各企業都響應「資訊透明化」的號召，一時之間，受到傳播媒體的肯定。但是大家所忽略的，並非所有的企業都是以「誠信」爲本；其間，只要有少數害群之馬，在編制會計時動動手腳，就會掩人耳目，不致發生洩漏的問題。可是「紙包不住火」，無論是安隆事件，或最近發生的華爾街五大投資銀行之陷入危機，無不是因它們的誠信出了問題。同時，近二十年來在世界各地所流行的衍生性金融商品之氾濫，就是由於少數金融機構，爲追求利潤，乃用欺騙的技倆掩蓋了它們在財務上的虧空。當次貸風暴一爆發，它們就像被烈火燒著的野草一樣，紛紛變成灰燼。

當次貸風暴演變成爲金融海嘯時，美國大型企業不堪一擊的表現，殊令人吃驚。像居世界牛耳的三大汽車公司向政府求救；美國國際集團（AIG）在二〇〇八年九月，首先搖搖欲墜，到二〇〇九年三月十三日，其股價跌到三十五美分，一年多來，市值縮水百分之九十七；還有花旗集團（CITI），二〇〇八年春，其市值高達三千億美元，一度稱霸全球，如今只剩下五十六億美元，市值縮水百分之九十六，二〇〇九年三月十三日，其股價跌到一美元，幾乎面臨下市的命運；在汽車業，通用汽車集團（GM），股價跌到一．八美元，其市值縮水百分之九十二；市值曾高居全球之冠的奇異集團（GE），股價跌到六美元，其市值縮水百分之八十一（參考二〇〇九年三月十五日《中國時報》社論）。此次金融海嘯已使美國許多企業巨擘陷入倒閉危機，也戳破了「愈大愈不會倒」的神話。無獨有偶，歐陸的大銀行也多出現危機，像英國的英格蘭皇家銀行（RBS）、駿懋銀行（Loyds, TSB）與巴克萊銀行也都發生財務危機，且要求政府紓困。

當金融海嘯危及各產業時，便會使整個經濟陷入蕭條之困境。處在這種情況，自救？沒本錢；倒閉，又於心不甘，乃要求政府大力紓困。處在這種情況，惟政府才是救難的靠山。

解救經濟危機，不僅為各企業所期待，也為一般人民所關切，因為當經濟局面處於蕭條時，民間企業已無能為力，而且也無人再期待市場經濟能自行調整，於是政府在各方期待之下，力挽狂瀾。通常各國政府所採取的紓困措施，仍脫離不了傳統的金融政策和財政政策，以及爲增加就業所推動的公共建設。可是有很多政策措施是雙刃劍，其所產生的效果往往會相互抵消，例如降低利率，目的是希望提高投資意願，及活絡股市，但當經濟前景不明朗時，其所產生的效果並不顯著，況且降低利率對增加消費支出會產生相反的效果。再如貨幣貶值，在理論上，對增加出口有幫助；如果所有以出口爲經濟發展導向的國家均採取此種措施，則所產生的效果便相互抵消。減稅有助於需求的增加，但對就業不能產生立即效果；增加政府的移轉支出，有助於失業救濟，但不能增加就業；增加公共建設支出，有助於就業的立即效果，但需要龐大的財源支應。在此次經濟蕭條中，政府爲對瀕於倒閉的大企業紓困，所採取的方式是接管私有企業或入股私有企業，這種作法能否產生如期效果，尙待時間來證明。對於這些振興經濟方案，輿論界，仍有不同的意見。諾貝爾經濟獎得主史蒂格利茲認爲「布希政府長期以來，迷信減稅萬能；但其減稅措施往往是造福富人，對刺激經濟作用不大。」《紐約時報》專欄作家佛里曼認爲，「沒有特效藥可救經濟危機，沒有特效紓困計畫，沒有特效振興方案。」可是另位諾貝爾經濟獎得主克魯曼對當前美國總統歐巴馬撒大錢救企業的作法，持正面的看法，而且還認爲政府所撒的錢仍不夠多；同時前聯準會主席葛林斯潘一反他過去的主張，嚴厲批評了認爲市場有自我調整傾向的看法，而贊同我們需要進入一個監管更加嚴格的新時期。

作爲一位經濟學者當然不能不正視目前所發生的經濟大蕭條，以及其所引發的社會問題。現代經濟學者醉心於建立數學模式，求解經濟問題的答案。這只是在浪費時間，而其答案也僅是紙上談兵，因爲經濟學是社會科學的一部分，也許是很重要的一部分。如果所設計出的數學模式無助於實際問題的解決，那就是人才的浪費。每逢經濟有了災難，大家都不約而同的，希望政府那隻看得見的手能發揮濟世的功能。同時也該深思經濟自由化是種理想，不是不具條件即可實現的理想。如果人類的經濟活動不以「誠信」作基礎，繁榮之後的經濟就會走向蕭條，甚至崩潰的局面，這也許是資本主義的宿命。一九三〇年代的經濟大恐慌曾孕育了凱因斯的有效需求理論，爲了激勵需求的增加，需要政府扮演一個救火隊的角色，即使這個角色受到「無效率」的批判。二〇〇八年及二〇〇九年所發生的經濟蕭條是否也會產生能解釋經濟巨變的根本原因及解救措施，實值得經濟學界的深思與反省。

3 統計數據與樣本調查

了解一國之社會經濟現象，統計數據的代表性非常重要；而統計數據的代表性，端賴所依據的樣本調查。樣本調查是否能反映眞相，固然抽樣方法很重要，但樣本取得的方法更爲重要。在一般進步而安定的國家，大體上，抽樣調查並非難事，像日本、德國，甚至美國，但是在政局動盪不安，治安敗壞，貧富差距加大，人與人之間是爾虞我詐，而且詐騙竟成風氣的社會，抽樣調查的方法便受到嚴峻考驗。

近年來，社會上，無論是新聞媒體或學者專家對政府所提供的統計數據產生了懷疑。例如臺灣的通貨膨脹與所得分配，均被成爲「挑剔」的對象。站在執政當局的立場，認爲社會大衆的認知帶有顏色，甚至冠上「不愛臺灣」的罪名，而社會輿論的懷疑也得不到令人折服的澄清機會。

先就通貨膨脹而言，在國際上，通常利用兩種指標：一爲國內生產毛額的折實指數（deflator），一爲消費者物價指數（CPI）。前者包括貨物與勞務輸入價格指數、貨物與勞務輸出價格指數，以及國內需求價格指數；消費者物價指數包括的範圍很廣：包括食物類、衣著類、居住類、交通類、醫藥保健類、教育娛樂類及雜項類。食物類，對很多國家而言，尤其在經濟不景氣時期，是最重要的民生必需品，可是食物類在消費者物價指數中的權數爲百分之二十四・七，居住類卻占百分之三十二・二，高於食物類；而且在食物類中占份額最高的爲蔬菜（百分之二・七九）、水果（百分之二・七九）、家外食物（百分之七・一六）。這三者在CPI之權數分別爲二・七九、二・七九與七・一六，而三者中，家外食物所占權數爲最高。對一般社會大眾而言，統計數據卻顯示不出來，颱風後如一斤蔥值七百元，一斤香菜值七百五十元。一般人的感受是：明明生活費用上漲了，爲什麼CPI上漲幅度竟然那麼低？

像蔬菜之類，其統計調查較容易，但出售蔬菜，在正常情況，上午價錢比下午要貴，中央菜市場要比南門菜市場便宜些；若在颱風季節，蔬菜的暴漲總是免不了的，不過，爲時不會超過一個月；CPI是各地方消費物價的平均數，在一天之內，還有上、下午之分，CPI也要將上、下午的價格加以平均。也就是說，物價是由地區平均和時間分別平均之後，再作一次平均，而這個平均數當然會模糊一般人所認知那個價錢。物價上漲經新聞媒體披露之後，執政當局怕影響選舉，上至總統、副總統，下至公平會，都要親自探求民隱。按中國歷代記載，昔日皇帝是微服私訪，不讓老百姓認出他們是皇帝，從而可得一些社會眞相的反映。如果當大官的前護後擁去攤販了解蔬菜價格，要想得到實情，相當不易。記得抗戰時期，物價飛漲，民生疾苦，蔣委員長要了解重慶市物價行情，在他出訪前，有關部門已經安排好商家、攤販，並告訴他們說，如果委員長來問價錢，一定說，價錢不高，如果委員長要買的話，就以所告訴委員長的價錢，賣給委員長，然後委員長左右的人再在事後補還不足的錢。結果，蔣委員長所得到物價資訊與市面的眞正價錢背道而馳，結果委員長仍然不知物價眞相。六十多年過後的臺灣，政要們該有這樣的認知，可惜他們不喜歡讀歷史，只喜歡玩權術。

再談談臺灣的所得分配，一般社會大衆的感受與政府要員的認知有很大的差距。其實，編製所得分配的資料，在取得的方法本身並無錯誤，問題在於：抽樣調查已失去了它應有的功能。本身，幾乎所有統計都是由樣本估算得來的，可是成本的取得成了問題。臺灣的所得資料主要來自家庭記帳調查，在政治清明，社會安定而無詐欺風氣的昇平之環境，所取得的樣本資料，可以推估母體，或代表眞相；如果政治紛爭、族群分裂、社會治安不良，人們失去互信，在這種情況，要想通過家庭記帳方法會有問題，首先窮苦的人家（包括接受救濟及每年不塡報所得稅的家庭）不會爲政府去記日常收入及生活費用日記；富有的人爲政府統計而去記帳也無興趣，現在只剩下中等所得家庭，他們在目前的社會情況下，人對人已失去互信；由於詐騙、搶劫，每天都在發生，一般人家都不敢接陌生人打來的電話。如果採用訪問方式，一般家庭也不敢開門，因爲開門會揖盜，甚至性命也受威脅；至於寄問卷調查，一般人家怕洩露家庭收支祕密，也不願塡寫。所以，這些採用日久的途徑，在執行上發生了問題。由於基本資料品質有了問題，要想它能反映眞相，那就十分困難了。

我也想藉此機會表達下我個人對人民感受與政府認知有很大差距的原因，這樣也許可減少政府對人民的誤解，說他們是「不愛臺灣」或「唱衰臺灣」作擋箭牌。(1)近七年（二〇〇〇至二〇〇六）以來經濟成長率平均爲百分之三．八一，二〇〇七年更高達百分之六，可是一般老百姓的所得卻沒有上升。譬如一位資深教授十年以前月薪是十萬元左右，今年月薪也是十萬元左右，如果除去物價上升率（一九九八至二〇〇七年共上漲百分之十．一五），只剩下九萬零七百八十五元。一位具博士學位的學子，十年前月薪爲六萬四千元左右，現在增爲六萬六千元左右，實質上不但未增加，反而減爲五萬八千一百零三元。因爲學校教職員的待遇同軍公人員是同類的，教職員的待遇下降，軍公人員的待遇也下降。一般非軍公教人員的老百姓，他們的所得增加了沒？同樣，也是減少的。一年前一位運將的月收入爲四、五萬元，現在僅爲二、三萬元。如果剔除物價因素，連二、三萬元也不到了。換言之，經濟成長與人民所得竟成了背道而馳的局面。其原因何在？並非三言兩語可以解釋的。(2)民間消費支出在過去七年平均成長率爲百分之二・五九，遠低於GDP平均率百分之三・八一，若以一九九三至一九九九年而言，GDP平均成長率爲百分之六・二三，民間消費支出爲百分之六・七九。顯然，後者高於前者，此與最近七年的情況完全相反。(3)失業率居高不下，雖然百分之四的臺灣失業率遠低於西歐的百分之八至九，但內涵並不相同；西歐的失業率是依據領取失業救濟金的人數，而臺灣是根據抽樣調查，其可靠性較低。在臺灣全家因生活無著，燒炭自殺，跳水自殺的悲劇，日有所聞，這種現象，在十年前是罕見的。(4)臺灣所得分配不均度，無論用吉尼係數或五分位法，主要是根據主計處所採用的家庭記帳調查。正如前面所言，在臺灣朝不保夕的貧窮家庭（包括領救濟金和不需塡報綜合所得稅的家庭）不會爲政府記帳，富有的人時間特別重要，無閒工夫將私生活之花費披露於世，也不會爲政府記帳，因此能爲政府記帳的家庭只限於中產階級；即使在中產階級家庭中，高級知識分子，也不會有意願爲政府記帳。處在這種情況下，調查員主要憑私人關係，找人記帳，這種方法雖獲些資料，但這種方法無隨機（random）的成分，其代表性是有限的。

任何統計調查方法在應用時，都有個隱示的假設條件；當這個假設條件變了，理

表十四　GDP與消費

	GDP	國民民間消費	民間消費	政府消費
1993	6.9	6.2	7.8	1.5
1994	7.4	6.5	8.6	−0.5
1995	6.5	5.2	5.6	3.8
1996	6.3	6.8	6.7	7.2
1997	6.6	6.8	7.1	6.0
1998	4.5	5.7	6.2	3.6
1999	5.7	3.5	5.5	−4.3
平均	6.27	5.81	6.79	2.47
2000	5.8	3.8	4.6	0.7
2001	−2.2	0.6	0.7	0.5
2002	−4.6	2.5	2.6	2.1
2003	3.5	1.3	1.5	0.6
2004	6.2	3.5	4.5	−0.5
2005	4.1	2.4	2.8	0.9
2006	4.7	1.2	1.4	−0.2
平均	3.81	2.19	2.59	0.59

資料來源：見表四。

應尋求更多的方法去補救，才是正途。同時任何統計大都用平均數作代表，如果不提供它的變異數，其代表性是有限的；如果變異數過大了，這個平均數的代表性就失去了代表的意義。現在臺灣的社會、政治、經濟環境與十多年前不同，所有抽樣調查都遇到了困難，那就是人與人之間失去了信任。在這方面，政要們的作風——玩弄欺詐技倆，騙取選票，對社會發生了很大的示範效果。這是一般安定而富裕國家少見的現象。無論如何，經濟成長率超過百分之五，而所得分配不均度五年來雖未惡化，可是民間消費支出大幅縮水，在一般人民感受中，不滿意者居多，這是個矛盾現象，實難令人釋疑。作爲計量經濟學界的一位老園丁面對此一矛盾現象也感到茫然。

4 誰是經濟預測的諸葛亮？

每當經濟發生劇烈變動而許多人失業時，大家都不約而同的譴責經濟學者預測的不準確，股市、房市專家的荒腔走板，占卜師的信口雌黃，甚至土地公的不靈驗，由此可見預測之不易。僅就看看自二十世紀以來，世界上所發生的、影響深遠的幾次經濟大蕭條，如一九二九至一九三〇年經濟大蕭條、二〇〇〇年的網絡泡沫破滅，以及二〇〇八年發生的金融海嘯，在發生之前的半年或一年前從未見有哪一位經濟學者（包括諾貝爾經濟獎得主）曾放言，經濟大變動即將來臨。爲什麼？因爲經濟學者對了解世界經濟的脈絡也有其極限，況且最難掌握的是衆人的「信心」。衆人的信心是變化莫測的，而其所形成的趨勢卻洶湧難擋。

一、假設條件的不現實

一般經濟理論都是建立在「其他條件不變」的假定上，才有說明力；如果「其他條件」隨時會變，而且會劇變，很多經濟理論多經不起檢驗。例如利率是投資的函數，亦即當利率低時，投資會增加；當利率高時，投資會減少。可是當利率降為零時，是否會使投資大幅增加？一九九〇年日本泡沫經濟破滅之後，曾有十年的利率維持在零水準，但日本的投資並未顯著的增加，而日本經濟成長卻降為零左右，乃有「日本消失的十年」之感嘆！

有些政策措施，行之在甲國有如期的效果；行之在乙國卻沒產生顯著的效果，如在大蕭條來臨時，失業率節節上升，認為是有效需求不足所產生的結果，便採行增加民間消費措施。例如由政府發給社會大眾消費補助，限定其在某一期間內消費掉，這種政策在不重視儲蓄的國家行之會有效，但在儲蓄率高的國家，難有顯著效果，因為當失業率節節上升時，工作機會朝不保夕，反而使人不敢多消費，而是儘量節省，以備不時之需。對於職業有保障的軍公教人員，他們的薪資雖未增加，但餬口絕無問題，政府所給予的消費補助反而會產生代替的效果，即花掉政府所頒發的消費補助，省下自己的薪資作儲蓄，所以其效果也會大打折扣。

二、事前的經濟預測重視其合理度

其實，對經濟預測的看法，不是它精確不精確，而是它合理不合理。因爲未來事實尚未出現，無法事先就稱預測結果精確與否；要說它精確與否，是在事實出現之後，有了事實的對照，才知預測是精確或不精確。所以在從事預測時，所重視的應是預測結果合理不合理；儘管所用的預測模型再精細，它仍然無法涵蓋未來可能發生且能影響預測的事。

一般而言，對一般經濟趨勢的預測，較能把握其變動方向，也會有較大的準確度，但最難預測的是對「轉折點」（Turning Point）的預測；而轉折點的發生，多半是由非經濟因素引起的，如突發的戰爭、政局的突變、社會大衆對未來信心的喪失等，這些非經濟因素既不能量化，也難揣測其爆發的時間。它就像一條河流，當上游暴雨來臨，河水上漲時，適逢其入海口漲潮。當河水向海流，而海潮向河口沖時，就會造成河流下游氾濫現象。

在臺灣以工業爲經濟主流時期，全球化的潮流尚未盛行，而e化尚未萌芽，較易把握臺灣經濟發展方向。但是自二十世紀末期以來，天涯若比鄰，紐約股市的異常波動，瞬息之間，就會傳染到臺灣的股市。所謂美國經濟打個噴嚏，臺灣經濟即會感冒的連鎖關係。其實，從事經濟預測比氣象預測還難。氣象預測都是短期預期，最長不過一週，即使爲時很短，氣象當局也經常對颱風降臨的時間預測錯誤，因爲氣象當局所能掌握的因素仍然有限，況且高空的氣流也受地形的影響。

三、馬政府的「六三三」不是承諾而是期望值

談到預測不準，使我想起馬政府在總統競選時所喊出的口號「六三三」。一般人都誤解它是未來可兌現的「承諾」。事實上，它是一種期望值，因爲馬政府沒有說清楚，反對黨便把它當作箭靶，拚命攻擊。據我的了解，口號中的「六」是指未來四年國內生產毛額的成長率平均爲百分之六。過去十年（一九九八至二〇〇七年）的平均值爲百分之四．三三，其中，有二年（一九九九至二〇〇〇）分別爲百分之五．八，一年（二〇〇七）爲百分之五．七，一年（二〇〇四）爲百分之六．三。從近十年的趨勢來看，要達到百分之六的難度的確很大。馬政府也許爲了給社會大眾一個樂觀印象，便作了過於樂觀的高估。

至於「三」是指失業率到二〇一二年時會降爲百分之三。近十年的平均失業率爲百分之四．四八，在這十年之中，只有最初三年低於或等於百分之三，其餘七年均高於百分之三，即使最近三年，也均在百分之四以上。我想馬政府可能懷念到一九九〇

年前後十年，國民黨執政時所創造的低失業率尚未達百分之二的好時光，以為今後又會回到那時的榮景。

至於另一個「三」是指到第四年（二〇一二年）每人平均國內生產毛額達到三萬美元。這個預期數字使我想到李登輝，一九九六年就任第二任總統時，曾說過，到二〇〇〇年時要達到二萬美元水準。當時，每人國內生產毛額爲一萬四千多美元。到了二〇〇〇年僅達到一萬四千七百多美元。結果，距二萬美元尚差五千三百美元。這是因爲當時的執政當局忽略了另一個重要的決定因素，即除經濟成長率外，尚有匯率的變動。如臺幣對美元匯率貶值百分之十，即使每年經濟成長率高達百分之十，也達不到預期的目標。顯然，馬政府也忽略了這個因素，認爲可從二〇〇七年的每人一萬七千多美元增加到二〇一二年的三萬美元，亦即在未來四年，要增加一萬三千美元。

像以上這三個期望值，不該成爲馬政府就任時「馬上好」的口號，因爲這種口號誤導一般老百姓對未來的看法，更成爲反對黨攻擊的目標。其實，反對黨也不適宜在馬政府就職不到三個月就對之大加撻伐，顯然它們對這些期望值信以爲眞實值。其實，西方國家的領導者，對未來經濟的看法從來不在數字上向選民喊話，因爲經濟現象千變萬化，對未來的看法，誰也沒有把握，只能用形容詞來說明未來四年的經濟是樂觀或悲觀。

四、金融海嘯又在考驗經濟學者的預測能力

就像此次金融海嘯。它起於二〇〇七年的七月，在這之前，沒有一位經濟學者會預測到它會嚴重到這種程度。就像前聯準會主席葛林斯潘，在金融海嘯暴發一年以前的聲望如日中天，被稱爲世界上最傑出的經濟學家，受到各方的讚美，可是一年之後的今天，他竟變成了過街老鼠，人人喊打的局面，因爲對於此次金融海嘯的發生，他被認爲應負最大的責任。眞是所謂「世事滄桑」，今日滄海，明日桑田。僅就目前正在發生的全球性金融海嘯而言，二〇〇七年冰島每人國內生產毛額平均爲六萬二千美元，是世界上最富有的國民，二〇〇八年，全國人民竟一貧如洗，要回到老祖宗的行業：下海打魚爲生。

美國五大投資公司，貝爾斯登、雷曼兄弟、美林、高盛與摩根士丹利公司，在二〇〇七年是氣勢如虹，現在卻在華爾街消失。曾執世界汽車牛耳的美國三大汽車公司（福特、通用和克萊斯勒），當它們的公司岌岌可危時，竟於二〇〇八年十一月底三家公司的執行長去國會乞討，希望政府能助一臂之力，同時也向歐洲政府尋求紓困。美國常春藤大學對其基金的運用，雖聘請了世界上頂尖的金融財務專家來操作，也因此縮水百分之二十至三十，竟影響到教授薪水的經常發放及學生的獎學金申請。世界

股神巴菲特，在此次金融海嘯已因炒作股指損失三百億美元。在此次金融海嘯中，無論是世界上傑出的金融專家或預測能手，大都遭受沒頂的命運。

五、預測之難如上青天

對一個人的命運預測難，對一個國家經濟預測更難。對於個人的未來作預測，往往求神問卜。求神，神不語，全憑自己求解讀；問卜，多是模棱兩可，從無鐵口直斷。對個人而言，如果未來發達了，則歸於神明的保佑；如未來失敗了，只有埋怨自己命運多舛，不會責怪神明。

現在的經濟預測，總會給你一個數字，而且這個數字經常要修正，因爲環境是多變的，只要新的資料來了，表示新的情勢有了變化，就會加以修改。如果掌握的資料愈齊全，利用的工具愈精密，預測的可靠度就會愈大。但是，經濟預測最大的剋星是人心的向背，是信心的失落，這些非經濟因素，最是難以捉摸，難以控制，但卻是影響預測精確度最大的因素。

最後，我們要問：誰是經濟預測的諸葛亮？凡讀過《三國演義》的人，都知道精於預測的諸葛亮，能借東風，火燒戰船，擊敗曹營八十萬大兵的故事；但是，他也改變不了六出祈山，無功而返，蜀國終爲曹軍徹底殲滅的命運。

「我中有你，你中有我」的政商關係

其他篇

1 臺灣永續發展的前途：風暴與陷阱

一九九〇年代的上半期，全球曾流行永續發展的觀念，臺灣也在此期間先後由學術界成立永續發展學會，工商界成立永續發展協會，而政府也成立了永續發展委員會，可是，對於永續發展所包含的經濟面、環境面和社會面的實務，除了永續發展學會召開過多次會議，並擬出永續發展策略綱領，及少數學者以其作研究課題外，訴諸永續發展政策與實施方案者，尚付諸闕如。直到二〇〇六年夏天，也就是民進黨執政僅剩下一年半的時間，執政當局才召開臺灣永續發展會議，即使這個會議的結論能變成政策，但此政策可實施的期間，只剩下一年的時間，在目前朝野紛爭不已的局面下，到底還能推動多少？只有等著瞧了。

本文的目的，不在討論永續發展所包含的內容，而是探討在追求永續發展過程中，可能遭遇的風暴，以及陷阱。風暴是指政治風暴，即臺灣政局阢隉不安，甚至因

「臺獨」出籠可能引發的兩岸軍事衝突，以及環境風暴，即「溫室效應」所產生自然災難。至於陷阱，它是指少子化問題，對社會經濟產生的難局，貧富差距擴大對社會安定的威脅，外包制度對社會保障制度的破壞。

一、可能遭遇的風暴

我所提出的風暴，並非無的放矢，也非危言聳聽，而且在目前已出現一些與其密切相關的現象，而且這些現象不但未見消失，反而更加明顯。如果不儘速加以消除，它就會形成風暴，來侵襲永續發展的前程。

(一)政治風暴：兩岸軍事衝突的機率

永續發展需要一個穩定的政治環境，使工商界對明天都有一個可憧憬，且可能實現的願景。今天臺灣政局不安，根本原因在於兩岸關係尚處於一個不確定的情況；其所以不確定，主要因爲執政當局不承認「一中各表」，而且企圖使「臺灣獨立」實現。所謂基本教義派竟堅信：一旦宣布獨立，美國和日本都會支持臺灣。這種一廂情願的想法是否可靠？需要理智地加以考慮。如果中共眞的對臺灣動武，可悲的是：戰場不會在上海或北京，它會在臺灣本島。不論戰爭成敗如何，一場戰爭下來，臺灣還能剩下些什麼？不言可喻。

不論兩岸衝突發生的機率有多大，如果兩岸無法處在和平狀態，而是處於不戰不和的膠著狀態，受害較大的是臺灣，不是大陸。根據過去十年的經驗，外人來臺投資的件數與金額，每年都在減少。就是因爲兩岸關係不穩定影響了臺灣投資環境；而投資環境最忌的是內憂外患。如果朝野兩方天天處在纏鬥之中，而兩岸關係又陰晴不定，在這種情況下，連臺灣的企業和有錢的老百姓也會出走海外，遠離處於暴風圈中的臺灣。

(二)環境風暴：「溫室效應」所產生的自然災難

「溫室效應」（Greenhouse Gas）是指工業化過程中，因用了大量的燃料，如煤及石油，產生了大量的二氧化碳；當二氧化碳變成酸雨，則會破壞植物及人類皮膚；當其上升太空，會破壞臭氧層，一旦臭氧層被大量破壞，太陽的紫外線就會直射大地，使地面溫度升高。事實上，根據報導，它已暖化了北極冰，使北極冰漸漸融解成水。同時最近的報導也指出：冰島的冰層在減少，而格陵蘭的冰原也在縮小。結果，海水會上升，因冰融解後化成的水密度低，會浮在海面，不會同海水融合在一起，也許三、四十年之後，海水面要上升二、三公尺，在這種情況下，不知有多少陸地、建築及人畜會沉入海底。

儘管一九九七年京都議定書的簽定，對參與會議的國家對其二氧化碳排放量有所約束，但是仍有大國充耳不聞，各行其事，這對加速暖化現象是不利的。臺灣雖不是簽約國，但也不能繼續製造二氧化碳，成爲製造「溫室效應」的幫凶。

近幾年來，世界氣候的變化令人怵目驚心。所謂聖嬰現象，曾在南亞及美國西部發生過；森林因氣溫過高所產生的大火，造成森林的大量流失。臺灣爲一海島，很多地區低於海平面，一旦海水上漲二公尺，它會使很多陸地變成澤國。對於這種現象的發生時間也無法預知。

二、可能遭遇的陷阱

我們提出三種現象是已存在的社會現象。如果對這三種現象無適當的化解之道，對我們追求永續發展無疑是種陷阱。

㈠少子化問題對社會經濟產生的難局

臺灣少子化問題早已存在，只因未受到社會大衆的注意，它便悄悄地在發展。直到最近三、四年，政府才看到這個問題，而且也提不出可扭轉少子化現象的對策，因爲少子化現象之產生既有經濟因素，也有社會因素，更有潮流因素。政府的統計告訴我們，十五歲以下的兒童人數自一九八四年開始減少，從該年的五千七百三十七千人減爲二〇〇四年的四千三百七十五千人，兩者相差一千三百六十二千人。在該組人口組成中，五歲以下人口是從一九八三年起開始減少；五至九歲人口是從一九八八年起開始減少；十至十四歲人口是從一九九三年起開始減少；十五至十九歲人口是從一九九八年起開始減少，一九九八年爲一千九百八十三千人到二〇〇四年降爲一千五百八十七千人，計減少三百九十六千人。

根據行政院經建會，按趨勢推估，到二〇一四年，臺灣自然人口增加率便變爲負值。也就是說，從該年起，臺灣總人口開始減少。對於臺灣少子化的原因，有社會經濟因素，也有個人主義的流行，例如：男女均受高等教育，都想有份工作，以改善家庭生活，對於多子多孫的觀念，已不存在。近年來，婚姻關係十分脆弱，離婚成爲家常便飯。就女性而言，有就業與結婚的選擇，有生兒育女與就業的選擇，有自我享受與家庭負擔的選擇。由於世風丕變，很多高學歷的女性，寧選擇就業而不結婚。有些人考慮到結婚關係不會長久，也會選擇就業而不結婚；即使結了婚，考慮到生兒育女花費愈來愈大，爲兒女做牛做馬，犧牲太大，而且生兒養老已不可靠，求諸己才是上策，故不願生育。尤其女性，看到單親家庭的悲劇，也不想生育。有些年輕人重視性愛，考慮到未來的負擔，寧同居，也不結婚。即使結了婚，因工作太緊張，且無保障，致房事興趣缺缺。這是目前臺灣的一般現象。

少子化現象形成之後，要想扭轉相當困難。儘管政府想用獎助方式，鼓勵年輕人結婚生子，但是年輕人缺乏興趣。這種現象形成一種趨勢，在短期內很難扭轉其方向。可是它所產生的影響就相當的大而深遠：⑴人口成長變成零之後，老化現象更形嚴重，如何處理嚴重的老化問題又會成爲另一個社會問題；⑵少子化對教育體制的衝擊很大，每減少一萬中、小學學生，就有五百位教師和職員失業。⑶幼少年是未來各業的生力軍，少子化發生後，各業的人力資源會受到很大的限制，會影響其發展。⑷少子化會影響基礎建設的利用度，使其提早荒廢。對這個問題執政當局不能等閒視之。

㈡貧富差距擴大對社會安全的威脅

近二十多年來，臺灣貧窮差距開始擴大，而且擴大的速度相當的快。無論用五分位倍數法，或吉尼係數法，均顯示自一九九六年以來，不斷擴大貧富的差距，尤其自二〇〇一年以來，其差距擴大速度更快。譬如按五分位倍數，一九九六年，最富的百分之二十家庭爲最窮的百分之二十家庭之五・三八倍；到二〇〇〇年增爲五・五五倍，二〇〇一年更增爲六・三九倍；二〇〇四年稍微好轉爲六・〇三倍。同樣吉尼係數也顯示：一九九六年爲〇・三一七，二〇〇〇年增爲〇・三二六，到二〇〇一年增爲〇・三五〇，二〇〇四年稍降爲〇・三三八。也許這些數字的變化所產生的印象並不深刻，如從它的原因來分析，也許更爲具體：⑴失業率居高不下是造成貧窮差距加大的重要原因，從一九八〇年代後期，到一九九〇年代中期，臺灣的失業率尚未超過百分之二，在很多年，僅有百分之一・五，可說失業現象不嚴重。到二〇〇〇年便升高爲百分之三，二〇〇二年更升爲百分之五・二，二〇〇四年爲百分之四・四，二〇〇五年爲百分之四・二。失業率提高之後，接著是社會治安惡化，除因走頭無路，全家人自殺事例經常發生外，搶劫每日都在發生，詐騙更是層出不窮。⑵股市低迷不振，約六百萬股票族被套牢，無法解脫，股市之不振與臺灣政局不安有密切關係；而政局不安也影響了投資的不振。⑶臺灣中產階級在縮小，因十五年以來，他們的實質所得是在下降，但他們的稅賦卻是最重的。

貧窮差距加大最明顯的現象是房地產價格，就臺北市而言，凡每坪價格在五十萬元以上，一百一十萬元以下者，不乏購買的人，他們是電子新貴、金控老闆、臺商。凡每坪在三十萬元以上，四十萬元以下者反而無人問津，因爲一般中產階級憑一生的儲蓄也買不起四十坪大小的房子。多年來他們的所得未增加，而家庭生活費用及子女教育費用反而增加很大。像這種現象的存在，對社會安定能不構成威脅？

㈢外包制度對社會保障制度的破壞？

外包（out-sourcing）、委外、派遣在意義上，都是相同的。外包在臺灣行之有年，像大廈管理員，都是由保全公司僱來的；一般公司、機構的清潔工多由外包公司、派遣公司介紹而來。他們的工作是臨時性的，所以僱主對他們不必付健保費，也不必分擔退休金，由於被僱用的員工都是臨時性的，幹一天才有一天的工資。至於這些受僱員工的退休金，或年金，僱用的老闆不負責任。

很多家庭主婦，爲了養活家人，通常經人介紹，從事大廈清掃樓梯的工作，或爲大樓住戶蒐集垃圾，這些工作也都是臨時性的。有些中小學，校方也喜歡聘請代課老師，他們所負的責任與經常性老師無異，可是待遇卻相差很大，而且沒有升級的機會。自二〇〇一年金控公司開始成立以來，兼併成爲一般採用的方式，許多銀行老闆對資深行員用「優退」方式，請他們提前退休，然後再利用派遣方式，僱用大學生或研究生取代他們的工作。如此一來，薪資高的銀行幹部被迫離開服務多年的銀行，所僱用的新進員工則用委辦方式，如此，可省下大量的薪金成本。二〇〇六年六月二十四日《中國時報》有則新聞：「勞委會調查發現，企業使用派遣勞工比例增加，從去年百分之六・六上升至今年的百分之七・九。派遣勞工多半從事基層工作，對企業較省錢，但勞工無保障」。同時也指出，使用派遣勞工最多的是金融保險業。

無論外包或委外或對員工的退休是不負責任的。到年老時，他們退下來晚年生活就會失去依靠，形成嚴重的社會問題，也會成爲燎原的火種。要撲滅這種火種，政府要付出多少代價才產生效果？今天外包、委外尚不夠嚴重，因爲它總比失業好很多，儘管與正式僱用的員工所獲福利相差太遠，但是將來呢？執政當局能不未雨綢繆？

三、結語與建議

在臺灣永續發展的前途中，可能遭遇的兩種風暴：政治風暴之發生與否取決於執政者的智慧、視野和遠見。如果執政者執意「臺獨」則所引發政治風暴對臺灣人民所帶來的苦難是難以衡量的；至於環境風暴，如不服膺京都議定書中對二氧化碳排放量的限制條件，臺灣也會成爲壓死駱駝的最後一根稻草。對於可能遭遇的陷阱，不是無的放矢，它們業已存在。少子化現象已經顯現，它所產生的影響既深且遠，學術界固然應研究它的扭轉之途，更需要政府在政策上作密切的配合。貧富差距加大曾成爲共產主義統治半個地球達半個世紀之久最大的藉口，無論政府與人民對此問題不僅要加以警惕，而且要採取有效辦法，建立健全的社會保障制度，消除貧窮。至於外包制度的流行，需要政府以公權力，使僱主爲外包制度下的職工享有社會保障制度。總之，儘管在市場經濟制度下，政府應儘量少用那隻看得見的手，但爲了清除永續發展前途上的陷阱，仍需要一隻強有力的手，協助弱勢族群享有生存的權利。

2 臺灣是什麼？

如果有人問：「臺灣是什麼？」你可能覺得對這個問題問的令人莫明其妙。其實，「臺灣」代表很多意義。在地理上，它是一個位於亞太平洋，靠近福建的海島。在歷史，西班牙稱它爲福爾摩莎（Formosa），也就是「美麗島」之意。在很長一段時間，我們稱它爲寶島；寶島之名由何而來，難以溯源，也許與一九六〇年代末期經濟起飛後，於一九八〇年代締造了「臺灣錢淹腳目」的境界有關。雖然臺灣是個自然資源貧乏而人稠地稀，地震、颱風頻仍的海島，卻因爲經濟快速發展的關係，已由貧窮變爲富裕，由落後變爲進步。可是同時間，臺灣也有個綽號，即「貪婪之島」。因爲在一九八〇年代後半期，臺灣人民富裕起來，而賭博與其他歪風到處可見，故有此不雅之名。在冷戰時期，臺灣被稱爲捍衛西太平洋，抵抗赤色侵略永不沉的航空母艦。

我在這裡所要敘述的是屬於社會經濟面所表現的臺灣，包括⑴臺灣是中華民族文化的大熔爐；⑵臺灣是經濟發展成功的實驗區。這兩個面相是屬於過去的經驗，還有一個是對未來的期許，即⑶臺灣將是一個民主政治步上正途，社會保障制度健全的實驗區。前兩個面已實現了，後一個面正等待我們去完成。

一、臺灣是中華民族文化的大熔爐

中華民族文化不單純是漢族文化，它是一個多民族融合而成的文化。遠在春秋戰國時代，中原人、南蠻人與北方異族曾融合在一起；到了南北朝時代，中國北方為異族占領，部分漢人南遷，又融合一次。二次大戰勝利後，國共火拼結果，國民政府退守臺灣，它所帶來的，不僅是故宮博物院的寶藏，而且也是大江南北的軍民。他們來自大陸的各個省分及每個地區。每個地區的生活方式原有一套，來到臺灣後，便融合在一起了。先從姓氏來說，現存中國人的姓氏有三千五百個左右，而臺灣也有二千多姓氏，大陸上許多奇怪的姓氏也到了臺灣。再就人口而言，除中原外，西藏、新疆、青海以及內蒙都有人撤來臺灣；據稱在一九五〇年前，撤退來臺的大陸軍民計有一百六十萬人，當時臺灣的住民尚不到六百五十萬人。臺灣的飲食可說大陸各地的味道都有，最受歡迎的菜餚，如四川菜、廣東菜，到處可見，山東餃子、饅頭已成為快餐的一部分。現在要想找純正的臺灣菜（或者漳、泉菜）十分困難，同樣，很多北方菜，也摻上江南菜、臺灣菜。菜餚上的大融會十分明顯。再看看穿著，在一九五〇年代、一九六〇年代還流行過北方人穿的旗袍，現在衣著方面多被西化了。臺灣住的房屋，傳統式的愈來愈少，而西洋式的愈來愈多。在婚姻方面，通婚的現象十分普遍，來臺當警察及當兵的一代，他們大多娶本地姑娘（包括山地姑娘）爲妻。大陸人的第二代娶臺灣姑娘爲妻，而臺灣的青年也娶大陸人第二代的姑娘爲妻，也愈來愈多；近年來，一般低所得階層的臺灣居民喜歡娶大陸新娘、越南新娘，甚至泰國新娘。而且在人數上已超過二十萬人。民族與文化的融合，臺灣進行的最徹底，也最成功，儘管曾有政客倡言反對，甚至歧視外來的人口，但民間的喜好與需要，政治力量是擋不住的。

二、臺灣是經濟發展成功的實驗區

開發中國家的經濟發展與已開發國家並不相同。在已開發國家，公共設施皆已齊備，法規典範也已具備，但在開發中國家，這些經濟發展所需要的條件並不具備，於是政府扮演了重要的角色；而經濟發展之成敗主要取決於政府的行爲。拉丁美洲的國家均爲自然資源豐富的國家，爲什麼沒有好的經濟發展？非洲的國家多爲戰後脫離殖民地命運而獨立起來的國家，爲什麼數十年來，仍過著水深火熱的窮困生活？因爲它們缺乏一個有能力，肯爲人民服務的政府。

在一九七〇年代，臺灣經濟發展的輝煌成果已成爲開發中國家經濟發展成功的典範；接著韓國、香港和新加坡也有了亮眼的經濟發展成果，於是它們被稱爲東亞四小龍。臺灣經濟發展的模式乃成爲東南亞、中南美洲、非洲和中東等地區的國家競相效尤的對象。臺灣經濟發展的表現是務實精神的發揮，即在勞力充沛，無充足儲蓄的情況下，發展勞力密集的民生工業；島上天然資源有限，無法自給自足，乃發展對外貿易，以有易無；在以農立國的傳統社會，先發展農業，利用農業發展的成果，培植工業。爲了支持產業升級，發展九年義務教育、技職教育及高科技教育，這些切合環境需要所作的表現，都成了一般開發中國家學習的模式。

在一九七〇年代，臺灣經濟發展的成功，引起中國大陸執政者的反省。中國大陸的經改與開放策略，直接間接受了臺灣經濟發展的影響。例如一九五〇年以前，臺灣的經濟情況尚不如當時長江三角洲的富裕。可是到了一九七〇年代，大陸苦於文化大革命的破壞，弄得天災人禍，民不聊生，而臺灣卻是亞洲地區相當富有的社會。這一對比，會予大陸統治者以反省的機會。當大陸採行改革與開放策略之後，大陸首先振興農業，然後發展工業，到一九九〇年後期，便逐漸脫離貧窮，進入小康之境（至少沿海一帶是如此）。

無庸諱言，臺灣經濟發展的成功不僅予一般開發中國家一個現實的榜樣，更給同文同種的中國大陸一個啓示：放棄階級鬥爭，全力發展經濟；積極對外開放，推展對外貿易；設立開發區，引進外資，今天大陸上所採取的發展策略，在很多方面，是臺灣經濟發展的翻版。

三、希望臺灣成爲一個民主政治步上正途，社會保障制度健全的實驗區

自一九九〇年泡沫經濟崩潰以來，臺灣經濟的表現可說一天不如一天，儘管產業升級獲得豐富的成果，但結構性失業卻日趨嚴重；復因爲兩岸關係未獲改善，國內政治上的勾心鬥角，互相攻伐，貪贓枉法，黑金猖獗等現象，不絕如縷。此不但影響社會民心，更影響股市的低迷不振，於是貧窮差距加大了，表現在社會上的現象是社會失序，諸如搶劫、綁票、殺人、放火、自殺等現象日有所聞，基於我對臺灣情勢之理解，二〇〇四年五月，我在報端發表了一篇「知識分子的夢想」。對於這個夢想，我不會放棄，雖然我知道要使這個夢想實現有相當大的難度。

我也了解到實現民主政治的理想要具備很多條件；同樣，要使社會保障制度健全起來，也非一蹴可幾。不過，我們應努力邁向那個境界。

首先，我們應與大陸保持一個良性發展的關係，但不應爲了苟存，甘作帝國主義的鷹犬，永遠同大陸僵持下去。在兩岸緊張的局面上，大陸會照常保持百分之八以上的經濟成長，而大陸仍將是世界上最大的一個工廠，供各國來投資；大陸仍將是世界上最大的消費市場，供各國企業去逐鹿。可是臺灣呢？在動盪不安的情勢下，股市會活絡起來嗎？外人投資會選擇臺灣成爲到大陸的跳板嗎？臺商會放棄海外投資，返臺共赴國難嗎？這些問題都是有關當局應考慮的問題。

如果我們能在「一中各表」的格局之下，同大陸維持一個良好的互惠互利的關係，一方面努力發展經濟，使其恢復一九九〇年以前那種耀眼的光輝。另方面，在推動民主政治上，徹底摒除互鬥的格局，消除族群間的裂痕，而政治人物應各憑既有對社會的貢獻及政見，爭取社會大眾的支持來爲社會大眾服務。中央選委會應是個公平無私，不受黨派左右的公器，來維持選舉的公平。在野黨要作好監督政府行政，挖掘黑金政治，以及官商勾結的工作。對有利於社會大眾的法案，要支持它的修訂，達到更完善的境界；對不利於國家形象及大多數人民利益的法案，要反對到底，不因自身利害或政黨利益而妥協。我們有耐心看到：政黨輪替是民主政治脫殼成熟的必經階段。脫一次殼，民主政治品質會提升一次。

只要政治上軌道，不利經濟發展的內在因素便去掉了。如果政府行政能不斷的革新，提高其競爭力，則必有利於臺灣經濟的發展。只要經濟有發展，一定要循序漸進地將社會保障制度建立起來。使社會上所呈現的「朱門酒肉臭，路有餓死骨」之慘象不再在臺灣社會出現。

如果我們建立了民主政治，也奠定了社會保障制度，則臺灣又將是世界各後進國家學習的榜樣。那時，中國大陸必將珍惜臺灣在政治和社會制度上實驗所得的成果，而且臺灣經驗又會被開發中國家的決策者、工商業者視爲羨慕與學習的法寶。

四、結語

回顧一九五〇年代，誰會想到以一個自然資源不豐，人口壓力大的海島，到一九八〇年代竟創造出爲世人羨慕的經濟奇蹟，且供許多後進國家經濟發展的楷模？如果我們能選擇正確的發展路線，同海峽對岸維持五十年的和平關係，同時團結一致，勵精圖治，以臺灣那種敢冒險的大無畏精神，力爭上游，也許二十年或三十年後，又會創造出另一個政治與社會奇蹟！

3 全球化下的自由選擇

一九八一年米爾頓、傅雷曼與其夫人露絲的《自由選擇》（*Free to Choose*）於一九八一年出版後，即受到傳播媒體的讚許，而這句名言「自由選擇」乃成爲很多人追求的目標，但要達到自由選擇的目標並非易事。有的人一生中沒有自由選擇的機會；有的人有自由選擇的機會，卻沒有珍惜它、把握它，而讓它很快地流失。有的人說，貧窮的人沒有自由選擇的權利，而富有的人才有自由選擇的權利；其實富有人的自由選擇的權利也受時間與空間的限制，而不能長期保有。

近幾年來，全球化的浪潮甚囂塵上，而它帶給每個國家、每個社會及每個人的衝擊都是深遠的。在一般人的觀念之中，全球化是將全世界變成一個無國界障礙、無制度障礙的大同社會。在這個社會，個人有自由選擇的權利，商品有自由交換的機會，資本有自由移轉的環境，甚至技術、資訊都有流通的機會。事實上，任何自由，都是有條件的；如缺乏那個條件，選擇的自由便不存在。

在本文中僅就人才的自由流動爲主體，說明在全球思潮下，人力自由流動的可能性。對於無能力流動的人力，也應使他們有基本生活上的滿足。爲此，政府仍應扮演扶弱濟窮的角色。

一、誰擁有自由選擇的權利？

在全球化下，什麼樣的人有自由選擇的權利？⑴有財富的人有自由選擇的權利，他可以選擇世界上最安適而最豪華的地方居住。不過，他的自由範圍還是受限制的，正因爲他富有，人身安全便成爲獵財者的對象，所以他不能隨心所欲地要到那個地方就到那個地方；即使有保鏢，他也不能隨心所欲。⑵有專業技藝的人有自由選擇的權利，如聞名的藝人、專家、創新者、技術師等，但他的自由選擇也受時尚、年齡、健康的限制。每個時代都有它最流行的事物，當你的特長符合這個時代的流行，你會受到歡迎；當時代改變了，時尚也會改變，符合舊時尚的，就不一定爲新時尚所歡迎。

在全球化下，什麼樣的人無自由選擇的權利？⑴貧窮的人無自由選擇的權利，所謂「飢不擇食」，舉凡挨餓的人，對於食物，無自由選擇的權利。爲什麼有些人會在垃圾堆中撿食物？因爲他無選擇的自由；爲什麼會有些人睡在最骯髒而最簡陋的地方？因爲他無錢付房租，也就失去選擇的自由。⑵無一技之長的人無自由選擇的權利；儘管全球化撤除邊界障礙，無一技之長的人多無被僱用的機會，所以他無自由選擇的權利。

茲就近年來的華人社會而言，新加坡和香港最有能力爭取到人才，而臺灣和大陸就比較差些，因爲臺灣和大陸的待遇偏低，對優秀的人才無吸引力。即使在一個地區待遇不相上下，但工作環境卻有不同，有能力的人就會選擇工作環境優良的地方；能力差的人，只有留在原處。

二、全球化會把工資水準拉平？

在全球化過程中，世界仍是不平的。單就工資水準而言，已開發國家的工資高，而開發中國家的工資低，新興工業化國家的工資介於兩者之間，而且彼此間之差距均相當的大。在一九四一年代，麻省理工學院的Samuelson和密西根大學的Stolper教授在合寫的論文〈*Protection and real Wagges*〉中指出：國際貿易會將交易國的工資水準拉平。自一九九〇年代後期，外人直接投資受到歡迎以來，許多開發中國家的工資低廉，便成爲吸引外人直接投資的主要誘因，而從事直接投資的國家幾乎都是高工資水準的國家。當開發中國家利用外資，推動其經濟發展時，大都有相當高的經濟成長，特別是以對外貿易為先導部門的發展，其表現均相當亮麗，像二十世紀後期的臺灣和韓國，近二十年來的中國大陸與越南。它們的工資水準在經濟發展初期均很低，近二十年以來，其工資的平均增長率多在百分之六以上。如果這種發展能持續下去，相信若干年後，它們的工資水準會漸漸拉近與直接投資國家的水準。

在二十與二十一世紀之交，除外人直接投資有助於經濟成長外，新的一種生產方式也流行起來，即所謂委外（out-sourcing）。像美國將電子資訊業的軟體部分，委託印度去生產；而印度資訊技術人員的月薪尚不及美國的十分之一，可是他們的生產力卻十倍於美國，利用此種方式為美國的廠商至少省下十分之九的工資成本。同時，美國的硬體製造業，委託中國大陸的廠商生產，同樣為美國廠商省下大量的工資成本。這種生產方式，為廠商老闆所賺取大筆利潤，幾乎全由廠商的執行者（CEO）所享有；至於因替代而失業的技術工人，也成為失業的一群。無疑這種委外生產方式使老闆有了更多的自由選擇，卻使員工失掉自由選擇的權利。除非各地工資水準拉近時，這種現象才會終止。

三、政府應扮演的角色

正因為產業結構變化如此迅速，而所造成的社會問題也愈來愈複雜。對於那些不具特長的勞動大衆，如何能使他們也有工作機會與生存權利，是值得重視的問題。對於解決他們的民生問題，單靠慈善機構之救濟是不夠的，因此需要政府協助人民解決其民生問題。爲此，政府有責任爲這些弱勢人民解決民生問題，起碼應作到下列三項：⑴優化投資環境；⑵開拓具本土特色的產業；⑶建立社會保障制度。三者互相配合，才能解決全球化過程中所產生的問題。

㈠優化投資環境

雖然這是老生常談，但它是決定投資的主要條件。所謂投資環境，它包括硬體建設與軟體建設，硬體建設係指交通設施的齊備與現代化；軟體建設是指法令規章應與國際接軌，行政效率高而行政作風清廉。同時，投資產業所需要的人力充足而能刻苦耐勞。投資環境好壞是吸收優秀人才最重要的條件，而優秀人才的齊備是吸收投資的主要考慮。

㈡開拓具本土特色的產業

對於不具專業的人力，要使其獲得就業機會，一般傳統的製造業多已無能爲力，但與觀光相關的傳統產業，卻有發展的空間。例如大自然的美難以移植。臺灣的自然風光有其獨特處，需加以維護與修飾，俾吸引更多觀光客，從而對安全而便捷的交通設施要增強。與觀光休閒相關的產業，如飲食業、精品業、復健業、山林避暑業應有計畫地推動。更重要的，政府要開放觀光，使觀光業成爲支持無專業人力的主要產業。

㈢建立社會保障制度

健全財稅制度，達到「有錢出錢，有力出力」的境界。近年來，愈富有的人不納稅或少納稅，貧窮的人無稅可納，只有中產階級是負擔賦稅最重要的一群，致中產階級逐漸向低所得階級傾斜。這種現象應及早加以制止。制止之道是讓有錢的人無逃稅、避稅的空間；同時，就臺灣情況而言，更要保持兩岸的和平，將大部分不必要的軍備用作建立社會保障制度的費用，使臺灣人民能享受到安適的富裕生活。

四、人類能否避免「叢林法則」的宿命？

理論上，世界的工資水準會有拉平的一天，但是誰也無法確定要費多少年；即使各地的工資拉平了，競爭還是難以避免的。只要有競爭，有些人就擁有選擇的自由；也有些人就會失去選擇的自由。近年來，有人提倡「藍海策略」（或另闢蹊徑），以代替競爭，但是仍然會有很多人，提不出他們的藍海策略，又會陷入相互競爭的窠臼，而「優勝劣敗」仍是難以避免的宿命。況且在市場經濟體制之下，要求的是效率，誰的工作成果最有效率，誰就有選擇的自由。可是，維持高效率並不是一般人所能達成的目標。只要達不成這個目標，就會失去自由選擇的權利。人類既然無法避免「叢林法則」的宿命，一個能爲人民服務的政府仍然是被需要的。

4 人類的自殘行爲

一、人類自殘行爲的涵義

自古以來，一國人口之大量減少，往往取決於三大原因：⑴天然災難：包括旱災、水災、地震、海嘯；⑵傳染病：無藥物治療，如黑死病、霍亂往往成爲人民的殺手；⑶戰禍：每個朝代在沒落時或遭遇外侵時，通常是連年戰爭，民不聊生。每種原因都會使人口大量減少。不過，只要社會能恢復安定，若干年後人口又會繼續增加起來。二次大戰時，世界人口大量減少，二次大戰結束後，許多國家的人口呈爆炸性的增加。直到二十一世紀初，一般所憂慮的是世界人口成長太快，而整個地球難以負荷。可是在這個世界，也有些地區，出現一種反人口成長的現象，即一般成年男女拒絕生兒育女所形成的「少子化」現象。一個國家，一旦出現少子化現象，就會形成一種趨勢，在此情況，要想扭轉此一趨勢，是件相當困難的事。我們可稱此種行爲爲人類的自殘行為，因為這種現象如果演變下去，整個國家的人口就會逐漸減少。除非引進大量的移民，否則這個國家就會瀕臨絕後的處境。

二、對自願減少人口的認知

自二十世紀後期以來，許多開發中國家進展為新興工業化國家，而不少新興工業化國家進展為已開發國家。無論新興工業化國家或已開發國家的婦女大都受過相當高的教育，甚至與男人不分軒輊。一般婦女一旦受到相當高的教育，多不願在家侍奉公婆，撫養子女，而是願意進入職場，在事業上，與男性或女性間形成競爭局面；為了在競爭中獲勝，多不願生育較多子女，以免誤了自己的前程。有些國家的政府有鑑如此，乃採取了些措施，鼓勵夫妻多生子女。顯然，其效果並不顯著。當進入二十一世紀，由於全球化浪潮的衝擊，e化對通訊效率的增強，乃使整個世界變成平的，表示不再有國界的阻隔，只要有能力，有專長可到賺錢最多的地方去謀職；如有足夠的經費，可到世界任何角落去旅遊。正因為世界是平的，自由競爭更加激烈，而且「適者生存」的叢林法則被奉為奮鬥的圭臬。

各種企業為增加競爭優勢，創新最重要，但創新的境界既需龐大資金，更需要人才，也需要時間才能達成；其次是生產成本，特別是勞力成本必須是低的。為了降低生產成本，一些國際性企業，多願以高薪聘請最具競爭力的管理專家（CEO）。在美國，一位企業的執行長，其年薪可達數千萬美元。爲了創造業績，他所採取的策略是：減少就業人口，但工作量不減少；很多工作採取委外（out-sourcing）方式，既可大大降低人力成本，又可省去很多管理成本。委外流行的結果，既破壞了長期僱用制，又使一般勞工的工作朝不保夕。處在這種情況下，凡及齡的年輕工作者，即使在職，也會考慮失業的困境。處在這種情況下，便不敢冒然結婚。這種情況的改變，與既往完全不同。在過去，一旦就了業，就會爲未來生涯作規劃，在一個公司裡往往工作一輩子；而退休後又有養老金可領，無懼老年無依之困境。在這種情況下，家庭生活是安定的，結婚生子是自然的事。即使男女雙方均受過高等教育，也會考慮到少生總比不生來得好。

三、廉價產品最受已開發國家消費者喜愛

對一般新興工業化國家而言，在全球化的潮流下，它們的競爭力不是靠創新，而是靠廉價的勞力。由於產品價格便宜，產品的銷售市場主要以已開發國家爲對象。由於產品價格低，很受中產階級和低所得階級所喜愛，所以它們的市場主要以已開發國家爲對象。雖然它們的產品爲已開發國家的中、低所得消費者創造了消費者剩餘，

但卻使本國的企業失去國內市場，從而使許多勞工失業。在全球反對保護主義的壓力下，這些遭受威脅的已開發國家的企業不得不另闢蹊徑，那就是委外工作流行的根本原因。凡採行委外工作的企業卻因此降低勞動成本，也提高競爭力以及CEO的薪資和紅利。

作爲新興工業化經濟的臺灣，自一九八〇年代末期以來，有兩個因素使它逐漸失去比較優勢，一爲臺灣的勞動成本不再低廉，一爲新臺幣對美元的不斷升值，前者會直接提高生產成本，後者會提高出口品價格，從而降低國際競爭力。爲了挽回比較優勢，臺灣的企業，一種是到東南亞國家投資設廠，利用當地的資源和廉價勞力，與臺灣的母廠建立起供應鏈，其產品，有些適於從當地直接出口，有些運回臺灣加工後再出口，從而在國際市場上，能夠繼續保持其競爭力；另一種不是以出口爲導向的企業，如金融業，在地化的服務業。爲了降低生產成本，便從削減勞工的待遇著手，於是人力銀行、派遣公司應運而生。這些就業組織對協助解決短期就業很有幫助，但對長期就業便無能爲力了，因爲僱用的決定權是在企業老闆手中。通常這些勞工被僱用之後是按時計酬，凡週末、國定假日、病假均無待遇可領。以目前的情況而言，一位大學畢業生在二十年以前，初次就業月薪爲二萬五千元，現在卻只有二萬三千元。至於退休金制，也因此而不存在了。一般青年人，處在這種情況對結婚生子的興趣也就缺缺了。所見到的現象是變愛不結婚，即使結了婚也不敢生兒育女，因爲在今天，生兒育女變成最奢侈的事。

四、少子化產生的時代背景

當本身的職業無保障，而薪資水準又低，即使冒然結了婚，生了子女，教養也是個大問題。小孩子自進入幼稚園便要參與競爭，而學費之貴，令人咋舌。每個月一萬元的幼稚園學費比比皆是。到了小學，雖然是義務教育，但非規定的學費卻非一般家長所能負擔得起。例如各種才藝班，如舞蹈、彈琴、繪畫、學英文等等，小學的學生必須具備；否則，小孩子在學校，會被另眼看待，而且對小孩子本身也會傷他的自尊心。這些現象使一般年輕人不敢結婚。至於「養兒防老」的傳統觀念已因經濟因素漸被沖淡了，甚至完全不存在。即以臺灣而言，少子化現象在一九九〇年代就很明顯了，但執政當局視而不見，尤其教育部門反而大量擴充大學、學院，在十年之內，從五十四所擴展到一百六十四所，使每位高中畢業生都可邁步進入大學。

五、解決少子化問題的途徑

面對少子化問題日趨嚴重，近年來政府也採取了措施，但是這些措施正應了「牽馬到河邊飲水，馬卻不飲」的後果。根本問題，在於職業缺乏長期僱用制。要恢復長期僱用制，並不是一國的企業主可完全決定的事。如果世界各地的工資水準相差不大，就會使企業主不會因工資高低而轉移生產地，也不會產生委外生產的事。但是，要達到全世界工資水準差不多的境界，恐怕需三、四十年的時間。如果企業的發展是靠技術改良和創新作競爭的本錢，企業主才有信心維持長期僱用制，但這種企業必須具備長期擁有創新的能力，且能保持「苟日新，又日新」的條件。另一種爲強制性措施，即一國之內所有企業，不管是採用長期僱用制或短期僱用制，只要僱用時間超過三日，僱主必須負責爲勞工提撥退休金。同時由政府負責成立退休金公庫，聘請專人經營管理。企業主爲勞工提撥的退休金應是工資的一部分，不另加企業主的負擔。無論如何，勞工所領的工資與其退休金總和不應低於最低工資標準。對於最低工資標準，宜三、四年修改一次，俾符合經濟情勢的變化。

總而言之，要扭轉少子化現象比強迫減少人口生育率困難得多。在後種情況，有的國家是採取說服方式，有的國家採取強迫手段，如「一胎化」政策，都會達到所預期的效果；惟扭轉少子化現象不僅是社會風氣問題，而且更是家庭經濟問題。尤其家庭經濟問題的解決，很難找出一條有效的途徑。這個問題並非完全無解，它需要時間，更需要制度上的改變。

5 豪宅面面觀

一、豪宅給人的印象

在資本主義社會，像英美國家，豪宅是很平常的事，不會成爲新聞常常議論的主題，而一般人也不在意豪宅所代表的意義——富有人家所擁有的華廈。可是在新興工業化社會，豪宅卻成爲一般人所議論的對象。其中有少數人對豪宅很羨慕，希望有一天也成爲豪宅的主人，因爲它代表富有；卻有很多人對豪宅起反感，認爲它代表的是一種特殊階級，與整個社會景象有種不協調的感受。

如果僅從報紙、電視上觀察，你會認爲豪宅遍布臺灣各大城市。事實並不盡然。在臺灣，只有臺北市有耀眼的豪宅。如果以每坪價錢高低論豪宅，臺中市、臺南市和高雄市都沒有豪宅，因爲這些地方的高樓大廈的單價只及臺北市的三分之一，甚至四分之一。

臺灣豪宅聲勢之大，主要是由於建商肯花大錢，連續數天，以整個報紙版面刊登所要產生的回響，這種不惜血本大登廣告，其魄力之大，確實令人咋舌。其實，建商並不在乎廣告費用有多大，只要能賣出二分之一的豪宅，就可撈回本錢。於是少數的科技新貴、發大財的臺商、在大陸發紫的藝人、以及待價而沽的投機客，都會受到引誘，而將大把銀子投進去。因爲在他們心目中，豪宅不僅代表豪富，而且也是代表一種特殊階級。

二、豪宅的價錢貴不貴？

所謂豪宅，迄今無大家公認的定義；只能籠統地說，豪宅就是昂貴的華廈，而且有完備的歐式設備。這種定義也不確定，無法給人一個確定的印象。以臺北市而言，豪宅是指每坪六十萬元以上的華廈。從一九九九年每坪一百萬元已漲到二〇〇九年每坪二百萬元。如果每坪是一百萬元，則是大學教授十個月的薪金；如果每坪是二百萬元，則是大學教授二十個月的薪金。以每坪一百萬元而言，四十坪房子則值四千萬元。一位大學教授不吃不喝，要花三十．八年的時間，才能買得起；如果每坪爲五十萬元，也要花十五年多的時間，不吃不喝，才能買得起。

有人說，香港和新加坡的豪宅比臺北市還貴，這種比較不適當。臺灣的每人

GDP（以美元計算），僅及它們的一半。可是以中產階級的大學教授而言，他們的待遇是臺灣的三倍。個人所得高的社會，其豪宅也會很高，像紐約的第五大街、東京的銀座區。除此，香港和新加坡的土地面積小，而人口密度高，工商業又較臺北市發達，天經地義的，它們的房產價格會高昂。

臺北市的豪宅價格確實是被炒高了，也許因爲臺北市是臺灣的首善之區，重要的工商業總部都設在臺北市，在短時間之內，它還有炒的本錢。由於臺北市的一般房屋價錢也被炒高，近十年以來，臺北市的人口年年向附近市鎮遷移。由於臺北捷運向臺北市郊區延伸，凡沿捷運線的地價都被炒高。目前的臺北市房屋漲得凶的，主要爲捷運行經之地區、靠近公園的地區。其他地方的地價上漲得比較有限。這也是建商大力宣傳的結果。

三、豪宅所帶來的衝擊

豪宅所帶來的社會經濟衝擊是很大的，也是多方面的。

㈠豪宅是臺灣M型社會最佳指標

儘管臺灣具能力購買豪宅的人並不多，據粗略估計，最多不會超過全臺灣戶數的百分之三（全臺灣約七百多萬戶），但它對社會經濟所產生的衝擊卻不小，有些人認爲它是M型社會形成的最重要表徵。在臺灣，通常很難指認誰是富豪，但一旦擁有豪宅，就很容易定義爲最富有的一群。

㈡近十年以來是臺北市人口減少的主要原因

由於豪宅價格上漲，從而也影響非豪宅價格的上漲，許多中產階級因住不起臺北市，便紛紛搬到市郊的城鎮去住，如中和、永和、板橋。相應地，近年來，凡靠近臺北市的郊區房屋，其價格也上升了不少。最近有個新聞，謂威尼斯城只剩下六萬人口，主要原因是近年來，威尼斯的房價大幅上漲，連帶一般物價也上漲，原住在威尼斯的人，由於收入未大幅增加，而房價又不斷上漲，只有搬出威尼斯。由此可見，都市房價高漲的後果是很嚴重的。臺北市是否也會有這種現象？近年來臺北市人口減少就不是健康的象徵。

㈢豪宅價高影響中古屋價位

臺北市的房地產在一九九〇年泡沫經濟破滅之後，曾有很長一段時間，房價下降，到一九九九年，房屋價格才有漸漲的趨向，於是建商在仁愛路上推出帝寶豪宅，當時的預售價爲每坪一百萬元，能夠預訂的，主要爲科技新貴。到了二〇〇一年，網絡泡沫破滅，很多預訂戶中，有不少犧牲訂金，甘願放棄續付預購款。到了二○○五年，臺北市房屋又有起色，於是建商不斷推出新的豪宅，而預訂者，多不是科技新貴，而是在大陸經營成功的臺商，他們很有錢，每次訂購不限一戶，而是多戶，而豪宅的價錢也從每坪一百萬元漲到一百二十萬元、一百三十萬元，……，最高者漲到二百萬元。影響所及，也波及了中古屋的行情，原本每坪二十萬元的也漲到三十、四十萬元；儘管是十年、二十年到三十年的中古屋。

四、住豪宅的人失去行的自由

豪宅高價已成大衆抨擊的目標，但住在豪宅的人並不自在。他們會失去行的自由，由於住豪宅，表示他們都是有錢的人。在M型社會出現很多無收入的人，他們對豪宅多無好感。當M型日趨嚴重時，住豪宅的人往往成爲「衆矢之的」，被攻擊的對象。首先是安全問題。爲此，豪宅的門禁要森嚴，以防閒人進入；即使住戶進出也要受檢查；親友來訪要有層層限制，從而使住戶失去一般住民所享受的自由。孩子上學讀書要用車接送，不能自行上學或回家，即使出門買菜也要格外小心。豪宅住戶出門散步也會受到限制，因爲他們是被搶劫的目標。於是豪宅會成爲失去很多自由的「文明監獄」；由於行動受限制，他們難以融入當地的社會，一出家門，就會失去一般市民所享受的行動自由。

五、如何抑制豪宅的高價

豪宅高價已成輿論評述的對象，甚至有去之而後快的感受。在市場經濟體制之下，政府無力限制其價格停止上漲，因爲這也是豪宅本身的供需關係。如果是「奇貨可居」，政府無力加以限制？事實上，也不可能。有人建議政府可提高房屋貸款利率，可是民間游資充斥，而銀行的大量存款貸不出；在此情況，爲了使大量存款貸出去，不會提高利率。有人建議，政府可採取財政措施，提高土地稅率和房屋稅率。土地稅之課徵是依照公告地價，但在某種情況和某一地區，土地市價遠高於公告地價，所以公告地價往往是低估的。像臺北市中，有些地區的地價是每坪四百萬元，這是天價。如果每坪四百萬元脫手，政府就應按市價課徵。同時房屋稅也應按市價課徵。這樣可使擁有大量房地產（豪宅）的人多納稅，而且要訂出一個標準，凡超出標準者，則以累進稅率課徵。如果豪宅變成空屋，也就課以空屋稅，用課稅的辦法使擁有豪宅的人多盡些社會責任，也是件應當的事。

六、結語

豪宅本身不是罪惡的象徵，它是初期資本主義社會常見的現象，只要擁有它的人不是以貪贓枉法得來，而且能盡到作國民的責任，他們儘可能享用它。它就像草原裡的花朵、隨風招搖的野花，能否經得起嚴冬的考驗，讓大家等著瞧吧！

6 政商勾結爲民主政治必然之惡？

在資本主義經濟，民主政治是其政治體制。資本主義經濟重視的是競爭，而優勝劣敗是競爭的必然結果；而民主政治是以選舉政府首長及民意代表爲其特徵。本質上，民主政治也是競爭。勝者，全獲；敗者，一無所獲。在經濟活動上，要使小企業變成大企業，主要是：能在競爭中，不斷獲勝，才有壯大的機會；在政治活動上，要能從地方政府的代表，爬到中央政府的代表，需要在每次選舉中獲勝。無論從商或從政，都離不開競爭。在這種情況下，爲何會產生政商勾結的關係呢？

其實，政商勾結是自人類有政府以來，難以完全避免的人際關係。即使在過去專制時，帝王的權力很大，但也有「爲政不得罪巨賈」的名言；即使帝王的權力再大，也不能得罪有錢的人，因爲在帝王有需要的時候，也需要他們的奉獻。現在是民主時代，表面上是人民作主，實際上人民作主只有在投票選舉的那一剎那；過了那一剎那，作主的是選出的人民代表及政府首長。他們高高在上，人民匍伏在下。無論是社會地位或是政治地位，人民是望塵莫及。

一、民主政治下的選舉特質

㈠政商勾結也是一種交易行為

交易的兩方，一方是政府出售特權，另方是財團購買特權，而且這種交易不是公開交易，而是黑箱作業，是一對一的交易；一旦完成交易，也算是「銀貨兩訖」，誰也不欠誰。因為這種交易是機密的，無疑會造成社會的不公平。例如最近十年所發生的金控舞弊案，財團將厚金給了掌握特權的人，而掌握特權的人將大量公股以低價賣給財團，使財團在金控公司中握有較多的股權，進而成了掌握金控公司的董事長，這種「以小吃大」的技倆成為臺灣金融機構壯大的一大特色。

㈡選舉多是資訊不對稱

如果候選人曾在地方上著有功績，一般選民對他會有些印象；如果從未在地方上著有功績，一般選民對他的印象就完全靠宣傳，所有選舉宣傳都是用生動的字句、無保障的諾言，告知選民。有錢的候選人，宣傳的力量就大，誤導選民的成分就多；無錢的候選人，在宣傳上，就先敗下陣來。為了在宣傳上占優勢，候選人無不儘量利用各種宣傳工具，展示自己。同時，能巧言者，在宣傳上亦占優勢，例如黃大洲在當臺北市時，確實為臺北市民做了很多有建樹的事，像大安公園的策劃與建立、中華路的拓寬與現代化、市民大道的規劃興建等，但是因為他比較不善言詞，選舉結果敗給生手陳水扁。

㈢選舉會使改革宏願胎死腹中

當執政當局考慮到選舉時，多不敢進行政治性改革，也不敢推出新的政策措施。因為任何改革都會使既得利益階級受損，而且任何政策措施都會改變現狀。在這方面，臺灣是個最典型的例子。近二十年來，臺灣人常自詡臺灣的政治制度是民主政治。但仔細加以觀察可以發現臺灣的民主政治仍有很多瑕疵：第一，它使行政效率大幅降低，任何必要的政策之立法，都會經過冗長的程序，如果牽涉到納稅人的利益，無論哪個黨派，都會退避三舍，因為大家都怕得罪納稅人，例如恢復中小學教員及軍人納稅義務，每個執政黨都不敢去執行；像能源稅的課徵，怕得罪用能源多，而製造污染多的產業主；像提高房屋稅，政府也畏首畏尾，不敢去嘗試，原因是如果得罪財團，不但會失去政治獻金，也會失去稅收。

二、政商勾結的途徑

政商勾結的途徑很多，最常見的，則爲下列數則：

(一)選舉

選舉是政商勾結的主要途徑，因爲選舉需要一大筆錢作選舉活動。例如，在臺灣，選舉一位縣市議員至少要花費五千萬元；選一位立法委員，要花費六千萬元到一億元；而選舉總統，非花十億元不可。每次選舉花費如此龐大，都要候選人本人負擔，那確是個大負擔。如果選上了，還有撈本的希望；如果選不上，有的候選人，就會傾家蕩產，一輩子翻不過身來。因此靠自費選舉的例子並不多，通常是靠黨團的補助及選民的捐獻。由於選舉很頻繁，靠選民捐獻並不可靠，那就想辦法同財團拉上關係。也就是說，如果選上了，一定不負財團所託，即在某些緊要時刻，爲財團效勞作爲報答。

(二)遊說團是政商溝通的合法管道

在西方民主國家的國會旁邊，通常有很多遊說團。財團們爲達成修法，立法的目的，就藉用遊說團的管道，使自己的意圖通過少數議會代表，影響法案的通過或否決。在臺灣，尚沒有遊說團組織，但有牽線的管道，可達成符合自己利益的法案。通常，在法院，有司法「黃牛」；在議會，也有類似「黃牛」的人從事牽線的活動。

㈢對個別民意代表施惠

這是在臺灣曾發生過的，有些縣、市的地方首長與大地主結合，以變更城市計畫的方式，使土地價値倍增，爲達此目的，例如送給每位議員一部汽車，使議會順利通過縣、市首長所提出的變更城市法案。當某一民意代表有結婚喜事時，地方首長就順便送重金，代表賀禮。近年來，金融機構的大老闆爲了巴結當政者，達成金融機構中掌握多數公股的目的，在當政者的兒女結婚時，趁機送重禮，這已不是新聞。

㈣財團為高官安排退休或離職後出路

在政府擔任高職位的人，在一黨獨大時，尚能繼續爬升，如不再繼續爬升，執政當局總會爲其安排一個清閒但仍有待遇的職位；但是自政黨輪替成爲一種制度後，一旦所屬的政黨選舉失敗，任何有待遇的職位也就沒有了。在這種情況下，作高官的，總希望政黨輪替之後，仍有個有待遇的位置，於是隱形中的政商關係更密切了。一旦失去職位時，便到業界擔任個有薪資的職位，就成了很自然的現象。如果沒有這層政商關係，卸任後的情況就很淒涼了。

除此之外，財團也對個別官員行賄。在外國的案例也很多，例如德國汽車大廠戴姆勒坦承曾賄賂二十二國政府官員以增加銷售，當案發後，繳交一·八五億美元罰款和解此案（九十九年四月三日《經濟日報》A9）。在臺灣的案例也不少，最令人注目的是南港展覽館的興建，想得標的營建商是通過總統夫人，賄賂決定投標公司的評審人通過此案。大陸上的案例更多，數年前，外國廠商賄賂當地官員以低價批地，得到政府許可使用土地的權利。

三、企業擴大經營規模目的是在左右政府政策

近年來，爲什麼工商界醉心於「愈大，愈不會倒」的神話？說穿了，是想獲得政府的保障，他們認爲經營規模愈大，它的影響力就會愈大。一旦財務發生了問題，政府會擔心它會不會造成大量的失業問題，或者牽涉其他相關產業的安全問題，例如二〇〇七年次貸危機所引發的二〇〇八年金融大海嘯，由於波及範圍太廣，而且也太深，美國政府首先斥資援助房地美和房利美兩大地產公司，以及AIG。因爲這兩大地產公司規模太大，如果倒閉了，對美國經濟影響深遠；而AIG是全球性的再保公司，如果倒閉了，全球的保險業便陷入困境，尤其新興市場國家的保險業多投保AIG，如對AIG不施救，剛剛建立的保險業基礎便付諸東流。於是美國政府先對它們紓困，先

使它們穩住了陣腳。其實在臺灣，這種例子也很多，若干年前，臺灣政府運用了「概括承受」的法條，拯救了不少岌岌可危的民間金融機構。事實上，經營者掏空了所經營的企業，由納稅人去補留下的大窟窿。

四、人民有更好的選擇嗎？

一九九〇年共產主義帝國崩潰，計畫經濟制度亦隨之煙消雲散，然後這些國家都走進資本主義經濟的行列。經濟循環是資本主義無法避免的經濟規律，而經濟蕭條則是市場經濟無法擺脫的夢魘。尤其近二十年以來，金融業憑e化與全球化的助力，發展之快，覆蓋面之廣，非想像所及。因政府篤信大企業會自我治理，乃放鬆對金融業的監理，從而導致金融業的貪婪、枉法所造成的金融危機，便成了經濟蕭條最主要的原因；當金融危機發生，科技產業之被感染便成爲難以避免的事。如何防止金融危機發生，乃成爲各國所最重視的課題。對於這個課題，一般人民幾無任何選擇的餘地，因爲在民主政治制度下，要徹底消除政商勾結是件相當棘手的問題。

7 民主VS.經濟

在一般民主國家，重大的選舉，如總統選舉會造成當年的經濟榮景；選舉後的次年，經濟榮景便會黯淡下來。由於一年的選舉活動要花很多錢，因此會維持市面的繁榮局面；當選舉過後，這些選舉活動便不存在了，使市面繁榮的活水不見了，市面自然會黯淡下來。除了總統選舉之外，還有很多大大小小的其他選舉。選舉的規模大，對經濟影響就大；反之，對經濟影響就小。這就是為選舉所付出的、看得見的代價。

選舉是推動民主政治的必要活動，而民主政治是政黨輪流執政的舞臺。沒有選舉，民主政治就會變成專制政治。因此，選舉是維持民主政治的必要條件。正因為選舉之如此重要，選舉便成為一種難以掌握的學問。可是這門學問很深奧，在選舉的戰場上，沒有常勝軍。因為民意如流水，你掌握不住它，你就很難成為選舉戰場上的常勝軍。

選舉就是戰場，在這種戰場上，廝殺靠的不是刀槍，而是宣傳，誰的宣傳能得到選民的心服，就有最大的獲勝機率。宣傳是選舉最重要的武器，爲了使這個武器銳利，勢不可擋，便無所不用其極來捏造對方的假象；尤其在投票前的一天，使對方無反駁的機會，致投票人誤以爲是眞的，在投票時，作了錯誤的選擇。這種現象經常在臺灣選舉史上出現。選舉落幕後，失敗者到法院告狀，法官考慮到「生米已煮成飯」，也就不了了之。

民主政治的維繫靠選舉，理論上，選賢與能；事實上，並非完全如此。當年德國納粹首腦希特勒執政時，是國會選舉出來的；伊拉克的海珊總統也是靠選舉獲得政權，但是當他們獲得統治權之後，便任所欲爲，自己爲皇帝，人民爲芻狗。我們可將這兩個人當作例外。但就近二十年來，我們所體驗到的民主政治，最大的好處是自由。「不自由，毋寧死」，自由是人生最寶貴的權利，但是人民要爲此付出很大的代價。

我們不妨從經濟觀點上，去評論大家所嚮往的民主政治。

一、民主政治是無效率的制度

民主政治的存在通常是一國之內，具兩黨以上的政治體系，如僅有一個黨的國家，要採行民主政治較難，往往成爲一黨獨大的局面。如果不同的黨有不同的理念，各黨爲了其自己的理念，容易在議會上杯葛對方的提案，儘管這個提案有利於國計民生。任何法案都有它的時代背景，如果這個提案經再三推行，到通過時，可能失去了時效，這個提案也就失去它執行的價值。有些有利於民生的提案會在議會被擱置數年之久，即使將來通過了，也因事過境遷，於事無補。

二、民主政治是浪費的制度

在民主政治之下，任何人要想得到人民的支持與擁護，必須先施惠於民。在很多民主國家，爲了討好選民，每個縣市都設立機場，以利民衆的行動，縣民從不考慮修建飛機場要花很多經費或有多少利用價值。如果機場收入不敷支出，還會浪費人民的稅收去補救，縣長也許達成了勝選的願望，卻爲縣民帶來永遠償不清的債。這類事例，在日本發生，在臺灣也發生過。一般選民只想到眼前的利益，從不考慮後代子孫的負擔。人民的眼睛畢竟不是那麼雪亮，錯誤的選擇後，甚至當代就自食惡果了。

在臺灣，民主政治仍在學步中，我們已看到了它所造成的浪費，除了縣設立機場外，還有大型體育場、文化館、原住民紀念館，這些建築的完成幾乎都是爲了選舉；選舉一過，無人再去過問，但是這些建築物的維持費用卻要選民負擔了。

三、民主政治是「官商勾結」的制度

民主政治是靠選舉來維持它的「民主」性。每次選舉都要花相當多的經費，這些經費通常不是候選人所能負擔的，而且選舉一定要花錢，花的錢愈多，勝算就愈大。爲了「勢在必得」，一定設法籌資來選舉，籌資的管道主要是靠選民的捐獻和政治獻金。

要選民捐獻，絕不是件輕鬆的工作。首先要認定選民的投票對象，投票的人（選舉人）對自己喜歡的人，也許會捐獻，對不喜歡的人，不會有任何捐獻。對捐獻貢獻最大的是工商界老闆，他們有錢捐獻，他們不希望自己的捐獻毫無收獲，他們希望候選人獲勝後能對自己事業的發展有所幫助。如果這種意願很強烈，他們會獻金，通常獻金是祕密的，獻金的多少，要看候選人的勝算大小。對勝算大的候選人，作較多的獻金；對勝算小的候選人作較少的獻金，這像賭場押寶一樣。

候選人對獻金多的工商領袖牢記心懷，不會忘記。當選舉獲勝後，對獻金的人總要找機會回報，這也是人之常情。如果回報是指通過了有利於獻金工商業老闆的法案，它會惠及同行的人；如果回報是指爲獻金的工商業老闆解決了租稅的問題（如逃稅被發現），這個老闆得利。

四、民主政治使政客只重視表面工作

國家有很多工程需要政府的力量來維持，如水庫、水壩、地下水排水系統等。這些耗資過大的工程，對人民的生活很重要，需要定期清理淤泥，否則，便會縮短它的壽命，即以臺灣爲例，如地下水排水系統，它對一個城市很重要，如果排水系統不定期疏通，一遇到滂沱大雨，雨水宣泄不下去，便會使街巷變成澤國，殃及低窪居民，使其維持生活的傢俱全泡湯，不能再使用。再如水庫，每座水庫都是耗資數十億元，甚至數百億建造完成的，它有預估的壽命，如果讓其淤塞，數年之後，這個水庫儲水量就會大幅縮小，漸漸失去灌溉的功能。定期清理淤泥也是件耗資的工程，因爲老百姓並不注意水庫淤塞，費時費資，而且居民也不會感激，所以很多水庫就在這種觀念下，淤泥愈來愈多，到最後，水庫便失去灌溉功能。尤其臺灣，一、二個月不下雨，就會缺水，到眞正缺水時，才知道水庫之重要；可是一場颱風帶來豪雨，一般人將水庫淤塞之事忘掉了。

五、討好選民最具誘惑的工具

在嘗試民主政治的國家，絕大多數的選民素質，通常不會太高。有些人爲了爭取選民的支持，在選舉前，會花金錢給選民，因受到輿論指責，認爲送金錢爲賄選，便改送肥皀、出國旅遊機票、米、糧之類給選民，這些禮品被接受之後，發生回饋效果的多少，要視選民的素質而定。這些禮品卻不能送給教育程度高的社區，因爲他們會拒收；即使收了，也不一定換來選票。但是在低所得居民區域，送禮的效果很大，而且收禮的人，認爲不報答，會於心不安。

六、市地重劃是民意代表歛財的最佳途徑

地方政府爲了使城市現代化、便利化，往往對城市土地有一定的規劃，希望通過規劃，使街道巷弄比較整齊，而居住、營業、休閒場所得到合理的安排。爲達成此目的，地方民意代表往往藉他們在議會的力量，影響政府改變原劃定的路線，使廠商獲利，而獲利的廠商獲得此筆利益，必會對民意代表有所酬勞，結果都市更新卻因此更加紊亂。即以臺北市附近城市的街道，如三重、新店、景美、永和、內湖與汐止接界處，街道整齊者不多，無現代化的雛形，可用凌亂來形容。

以上所述六項，都是爲推動民主政治所付出的代價。尤其在推動民主政治的早期階段，這些問題都難以避免。先賢告訴我們的「選賢與能」絕不是簡單易行的事。

即使像強力向世界推銷民主政治的美國，也無法避免「政商勾結」的毛病，像此次次貸風暴所引發的全球性金融大海嘯，不但戳破了在美國企業間流行的愈大愈不會倒（too big, too fall）的神話，也暴露出民營企業的醜態，它們引發了金融海嘯，遭受了重大損失，卻由美國政府去當救火隊。美國政府爲怕引起更大更多的危機，便一救再救，所支付的錢由現在和未來納稅人去分擔。

財經新視界 023

臺灣經濟的38個迷思

作　　者：于宗先
發 行 人：楊榮川
總 編 輯：王翠華
主　　編：張毓芬
責任編輯：侯家嵐
文字編輯：陳俐君
封面設計：盧盈良
出 版 者：博雅書屋有限公司
地　　址：106台北市大安區和平東路二段339號4樓
電　　話：(02)2705-5066
傳　　真：(02)2706-6100
劃撥帳號：01068953
戶　　名：五南圖書出版股份有限公司
網　　址：http://www.wunan.com.tw
電子郵件：wunan@wunan.com.tw
法律顧問：元貞聯合法律事務所　張澤平律師
出版日期：2012年4月初版一刷
　　　　：2012年6月初版二刷
定　　價：新臺幣250元

國家圖書館出版品預行編目資料

臺灣經濟的38個迷思／于宗先著. 一初版,一臺北市；博雅書屋, 2012.04
　面；　公分

ISBN 978-986-6098-44-4（平裝）
1.臺灣經濟　2.文集
552.337　　　　101001103